August Schrader

Die Braut des Armen

Sozialer Roman aus der Gegenwart

August Schrader

Die Braut des Armen
Sozialer Roman aus der Gegenwart

ISBN/EAN: 9783742869241

Hergestellt in Europa, USA, Kanada, Australien, Japan

Cover: Foto ©Thomas Meinert / pixelio.de

Manufactured and distributed by brebook publishing software
(www.brebook.com)

August Schrader

Die Braut des Armen

Die

Braut des Armen.

Sozialer Roman

aus der Gegenwart

von

August Schrader.

Zweiter Band.

Wien.

Heinrich Spitzer.

1864.

Erstes Capitel.

Die arme Braut.

Es war wieder Sonntag. Der Sommermorgen hatte seine volle Pracht entfaltet, es glänzte und flimmerte, wohin das Auge sich wandte. Louise, die Tags zuvor von der Reise zurückgekehrt, stand vor dem Spiegel und musterte ihre Toilette. Sorgfältig ordnete sie noch einmal die Bandschleifen des Hutes und steckte die Brosche, die sie auf dem Busen trug, tiefer. Dann legte sie den weißen Shawl an, daß er einen Theil ihres glänzenden Halses bedeckte.

„Du bist schon im Staate?" fragte Frau Gerold überrascht, die unbemerkt eingetreten war. „Es ist noch früh, soeben schlägt es sechs Uhr —"

„Ich will den Morgen in unserm Garten genießen."

„Gehe lieber zur Kirche. Du hast lange keine Predigt gehört."

„Auch das kann geschehen. Guten Morgen, Mutter.

1*

Ich werde mich zur rechten Zeit in unserem Kirchstuhle einfinden."

Louise verließ hüpfend das Zimmer.

„Sollte sie die häufigen Morgenpromenaden nur aus Liebe zur Natur unternehmen?" flüsterte Frau Gerold, deren Gesicht sich zu einem scheußlichen Lächeln verzog. „Louise, unsere einzige Tochter, ist nach der Meinung der Leute reich — da finden sich wohl heimliche Anbeter — die Geschichte kommt mir verdächtig vor. Macht mir das Mädchen einen Strich durch die Rechnung, ich könnte es vergiften."

Sie trat zum Fenster. Louise, die in der Mitte der Straße ging, nickte freundlich herauf. Dann verschwand sie.

„Wäre ich in der Jugend so schön gewesen, als Louise jetzt ist, ich würde wohl einen andern Mann bekommen haben. Ach, ich muß mich zu trösten wissen."

Groll und Aerger erpreßten ihr einen tiefen Seufzer. Und grollend ging sie in die Küche, um mit den Domestiken zu keifen. An diesen armen Geschöpfen machte sich der Aerger der frommen Frau Luft.

Louise hatte den Garten erreicht. Ihr erster Weg war der zu dem hohlen Weidenbaume. Sie fand, gegen ihre Erwartung, kein Briefchen vor.

„Vielleicht kommt er selbst!" dachte sie. „O, er ist sicher von der Reise zurückgekehrt!"

Sie ging durch den Garten und besah alle Blumen, alle Gesträuche und Bäume. Dabei aber hatte sie die Thür stets im Auge. Eine Viertelstunde verfloß nach der andern; Albert blieb aus. Louisen ward das Herz recht schwer; suchte sie dem Ausbleiben des Geliebten auch die vernünftigsten

Gründe unterzulegen, sie konnte doch die Thränen nicht zu=
rückhalten. Wie lange hatte sie ihn nicht gesehen, wie herzlich
hatte sie sich auf die erste Begrüßung gefreut — und nun
kam er nicht, auch das verabredete Briefchen hatte er dem
Weidenbaume nicht anvertraut. Sie riß ein Blatt aus ihrem
Notizbuche, schrieb mit dem Silberstifte die Worte darauf:
„Gleichgiltiger, Du läßt mich lange warten," faltete es in
Billetform und warf es in den Baum. Das sollte seine
Strafe sein.

Wartend stand sie noch an der Thür. Da kam eine
Bäuerin vorüber. Louise mußte diese Frau kennen, sie hatte
sie schon gesehen. Aber wo? wo? Richtig in dem Hause des
verstorbenen Brand. Vielleicht suchte sie den Garten und
brachte einen Brief von Albert, der zu kommen verhindert
war. Else, sie kam wirklich langsam näher, sah das junge
Mädchen traurig an. Auch sie erinnerte sich Louisen's.

„Sind Sie nicht Fräulein Gerold?" fragte sie.

„Mein Vater ist der Zimmermann Gerold — und
Sie, gute Frau, Sie kommen wohl von Buchau?"

„Ja. Wo treffe ich denn wohl Ihren Vater?" fragte
Else mit bebender Stimme.

Louise erbleichte. In dem Häuschen draußen, das Albert
jetzt allein bewohnte, mußte etwas vorgegangen sein, das
Elsen Kümmerniß bereitete.

„Was wollen Sie von meinem Vater?" fragte sie mit
stockendem Athem.

„Ich wollte ihn fragen, wo Albert ist," schluchzte
Else.

„Verreist, so viel ich weiß."

„Von der Reise ist er schon zurückgekommen."

„Mein Gott! Und dann?"

Else erzählte kurz, wie Albert freudig heimgekommen, sich umgekleidet habe und im Auftrage des Meisters, dessen er sich mit Stolz gerühmt, nach der Zuckerfabrik gegangen sei. Bis jetzt habe sie vergebens seine Rückkehr erwartet. Das gehe nicht mit rechten Dingen zu, meinte die weinende Else; sie habe gestern schon auf der Fabrik nachgefragt, aber da wolle keiner den Zimmergesellen gesehen haben, trotzdem viele Leute aus Buchau dort arbeiten. Nun könne sie die Angst nicht mehr ertragen; sie müsse durchaus den Meister sprechen, der Albert in Geschäften ausgeschickt habe.

Louise war keines Wortes mächtig.

„Das geht nicht mit rechten Dingen zu," wiederholte Else. „Albert ist zu ein ordentlicher Mann, als daß er ohne Grund und Ursache nicht nach Hause kommen sollte. Auch der Ortsrichter, den ich gefragt habe, wundert sich darüber. Ach, du lieber Gott, wenn ihm nur nicht ein Leid geschehen ist!"

Das junge Mädchen schloß die Thür des Gartens und forderte Else auf, mit ihr zu gehen. Die Glocken riefen zur Kirche, als Beide die Stadt betraten. Durch Nebengäßchen erreichten sie das Haus des Zimmermeisters, das Frau Gerold bereits verlassen hatte, um dem Gottesdienste beizuwohnen. Else mußte in dem Wohnzimmer warten. Louise wollte zuvor dem Vater Anzeige machen. Sie kam an die Thür seines Arbeitskabinets. Eine furchtbare Angst schnürte ihr die Brust zusammen; sie mußte stehen bleiben, um Athem zu schöpfen, ehe sie die Hand an das Schloß legte. Da hörte sie eine rauhe Stimme, die mit dem Vater ein Gespräch unterhielt. Das war ihr neu; um diese Zeit, und namentlich am Sonntag Morgen, empfing der Meister keine Besuche. Sie lauschte, um zu erfahren, wer der Mann sei.

„Gewiß, Konrad, der gefährliche Albert ist bei allen Teufeln. In Buchau heißt es, Du habest ihn nach der Fabrik geschickt."

„Warum sollte ich es leugnen?" entgegnete der Meister. „Ich wollte, ich hätte einen Andern geschickt — auf diesen Brand kann ich mich nicht verlassen — der Intendant, der gestern bei mir war, behauptet, es sei keiner meiner Leute bei ihm gewesen. Du sagst, Fritz, daß Brand neulich in einem schönen Wagen abgeholt worden sei?"

„Mit meinen eigenen Augen habe ich es gesehen. Der Bediente that, als ob er einen vornehmen Herrn einsteigen ließ."

„So wird er wiederum abgeholt worden sein," meinte der Meister.

„Nein."

„Warum zweifelst Du daran?"

„Weil die alte Else jammert und weint. Albert ist nach der Fabrik gegangen —"

„Wohl möglich."

„Es steht fest!" rief Fritz Blei.

Nach einer Pause sagte Meister Gerold:

„Durch die unangenehme Geschichte habe ich die Arbeit auf der Fabrik eingebüßt. Der Intendant ist die rechte Hand des Fürsten, er kann Alles, er thut Alles. Wäre ich doch selbst gegangen."

„Konrad, sei ganz offen gegen mich."

„Was soll das heißen?"

„Du hast auf eigene Faust —"

„Verrückter Mensch!"

„Es sollte mich nicht wundern, wenn auch ich einmal ausginge und nicht mehr wiederkäme. Laß Dir das nicht in den Sinn kommen, Freund! Ich bin ein guter Kerl, aber wenn es mir an den Kragen geht, da schlage ich nach hinten und vorne aus. Hättest mir wohl davon sagen können."

„Wovon denn? Mensch, bist Du denn von Sinnen?"

„O, ich habe meinen vollen Verstand."

„Albert wird wiederkommen —"

„Ich zweifle daran. Sei vorsichtig, Konrad!"

„Hüte Du nur Deine Zunge! Wer Dich hört, sollte wirklich glauben —"

„Ich will Dir einen guten Rath geben, Konrad. Wir können ja offen miteinander sprechen. Gedenke des Verschwundenen stets in Ehren und thue, als ob Du Nachforschungen anstelltest, als ob Du einen großen Verlust erlitten hättest. Es ist der Klugheit wegen — Die Leute mögen denken was sie wollen — Du verstehst mich?"

Nun folgte eine Unterredung, deren Einzelheiten die Lauschende nicht verstehen konnte; sie hörte aber das Klingen des Geldes, das auf den Tisch gelegt ward. Dann ließ sich das Geräusch vernehmen, als ob Jemand das Geld einstriche.

„Es wird sich schon machen!" rief Fritz Blei lachend. „Ich werde nun die alte Else auf's Korn nehmen, die ganz

gewiß mehr weiß, als wir vermuthen. Offen gestanden, die
Reise des Zimmergesellen kommt mir verdächtig vor. Guten
Morgen!"

Der Zimmergeselle ging an Louisen vorüber, ohne sie
zu sehen. Sie kannte Blei nicht, aber der Mann machte
einen widerwärtigen Eindruck auf sie, daß sie sich die Frage
vorlegte: wie kann der Vater sich mit diesem Menschen „Du"
nennen? Aber schon im nächsten Augenblicke erfaßte sie die
Angst um Albert wieder. Was wollte sie denn eigentlich?
Den Vater sprechen. Sie mußte ihre Gedanken ordnen, be=
vor sie weiter ging. Das Gespräch, das sie belauscht, hatte
einen schrecklichen Verdacht in ihr erregt. Sollte der Vater
um die Liebe seiner Tochter wissen und den Geliebten, den
er mißbilligte, beseitigt haben? Das wäre eine unerhörte
Schandthat, ein durch Nichts zu sühnendes Verbrechen, dessen
sie den Vater nicht für fähig hielt. Es würden wohl andere
Mittel sich gefunden haben, um das Band der Liebe zu tren=
nen, wenn nur dies die Absicht des Vaters gewesen wäre.
Und noch konnte er ja gar nicht darum wissen.

„Es muß sein!" flüsterte sie.

Noch einmal athmete sie tief auf, rang nach Fassung
und trat so ruhig als möglich in das Kabinet.

Der Vater stand sinnend an dem hohen Schreibpulte.
Wie erschreckt fuhr er auf.

„Was willst Du?"

„Vater!"

„Was willst Du denn?"

Louise erschrak vor dem verstörten Aussehen des Mannes.

„Bist Du denn krank, lieber Vater?"

„Nein, nein! Frage nicht so dumm!"

„Ich meine es ja gut."

„Nun ja; aber Du mußt wissen, daß man nicht lachen und singen kann, wenn Geschäftssorgen den Kopf zersprengen möchten. Man steckt seine Kapitale in große Unternehmungen — laß das, Du verstehst nichts davon. Wo ist die Mutter?"

„In der Kirche!"

„Schon wieder!"

Der Meister kniff die Lippen zusammen. Er ging erregt durch das Zimmer. Die dicken Hände, die er auf den Rücken gelegt, zuckten.

Louise faßte Muth, sie mußte mit ihm sprechen.

„Vater, eine Frau aus Buchau will Dich sprechen."

„Was für eine Frau?"

„Sie nennt sich Else, und sagt, daß sie bei dem verstorbenen Brand gedient habe."

„Ich kann Nichts thun für die Person; gib ihr einen Thaler. Bettelei!"

„Das ist es nicht."

„Was ist denn?" fuhr der Meister auf.

„Wie sie mir sagt, will sie Erkundigungen einziehen nach dem jungen Brand —"

„Hagel und Wetter —"

„Fahre doch nicht auf, Vater!"

„Soll ich denn meine Gesellen hüten?"

„Du habest ihn nach der Fabrik geschickt."

„Das ist wahr — am hellen, lichten Morgen. Der Undankbare, dem ich so großes Vertrauen geschenkt, ist nicht wiedergekommen. Mehr weiß ich nicht, mehr kann ich nicht wissen!"

Die Tochter wich bestürzt zurück vor der Heftigkeit des Vaters, dessen Augen wie mit Blut angefüllt erschienen. Er ließ die schwere Faust auf das Schreibepult fallen, daß das schwere Möbel erbebte.

„Geh," rief er mit starker Stimme, „sage das dem Weibe! Kommt mir etwas zu Ohren über den leichtsinnigen Patron, den ich nicht hätte schicken sollen, so werde ich es nach Buchau sagen lassen. O, wir werden wohl noch saubere Dinge hören!"

Louise wußte nicht, was sie beginnen sollte. Zitternd stand sie da und sah den Vater an, der ihr den Rücken zugekehrt hatte. Eine schreckliche Ahnung flüsterte ihr zu: „er weiß mehr, als er sagen will!" So hatte der Vater ihr gegenüber sich nie gezeigt. Und nun das Gespräch, das er mit dem wüst aussehenden Manne geführt, das Geld, das dieser ohne Zweifel von ihm empfangen —

Das arme Mädchen konnte nur mit unsäglicher Mühe die Thränen zurückhalten, die sich den Augen zu entwinden strebten.

Plötzlich wandte sich der Zimmermeister zu ihr.

„Bist Du noch da? Gehe zur Kirche, bete mit Deiner frommen Mutter."

Und Louise ging mit schwerem Herzen. Bete mit Deiner frommen Mutter, hatte der Vater gesagt, der selten, und auch dann nur gezwungen das Gotteshaus besuchte. Es lag ein unverkennbarer Hohn in diesen Worten, und dieser Hohn konnte nicht der Sache, sondern nur der Mutter gelten. Aber auch eine Rohheit lag in diesen Worten, die das feinfühlende Mädchen tief verletzte. Kann ein Kind glücklich sein, das eine frömmelnde Mutter und einen rohen, harten Vater besitzt? Die theuersten Wesen, denen sich ein Kind anklammert, erscheinen gehässig und darum verachtenswerth.

Else saß zusammengekauert auf einem Stuhle.

„Kann ich den Meister sprechen?" fragte sie hastig.

Louise gab ihr schonend die Auskunft, die sie geben konnte.

„Der Vater will Erkundigungen einziehen," schloß sie. „Ich selbst werde forschen und das, was ich erfahre, Ihnen mittheilen."

„Der Meister weiß also nichts?" stammelte die Bäuerin.

Louise schüttelte das Köpfchen; sie durfte es nicht wagen, die Lippen zu öffnen, da sie sonst ihre Gemüthserregung verrathen hätte.

„Warum weinen Sie denn?" fragte Else. „Du lieber Gott — Sie müssen wohl mehr wissen, als Sie sagen wollen — Verschweigen Sie mir doch nichts; meine Ungewißheit ist ja gräßlich!"

„Ich habe Albert gekannt, habe ihn geachtet und geehrt, weil er stets fleißig und ordentlich war — sein Schicksal geht mir zu Herzen. Ach, ich selbst möchte gern Gewißheit haben! Wohin soll ich mich wenden? Else, wir wollen uns vereinigen, wollen gemeinschaftlich forschen — Sie in Buchau, ich hier!"

„Das wollen wir!"

„Man spricht von einer Reise, die Albert gemacht hat."

Else erschrak.

„Wer spricht davon?"

„Der Vater."

„Wie ist das möglich?"

„Ich lese es in Ihren Zügen, daß eine heimliche Reise stattgefunden hat."

„Mein Gott, ja!"

„Damit ich mit Erfolg wirken kann, ist es nöthig, daß ich Alles weiß."

Else begriff das und erzählte. Sie glaubte ein Unrecht nicht zu begehen, da sie sich mit der Tochter des Zimmermeisters zum Heile Alberts verband. Die gute Frau verschwieg auch nicht, daß Vater Brand dieselbe Reise mehr als ein Mal unternommen habe und knüpfte daran ihre Vermuthungen über die Herkunft des jungen Mannes, der, wie man allgemein sage, ein Findelkind sein solle. Louise hatte erstaunt zugehört. Sie schöpfte Hoffnung aus diesen Mittheilungen, die Hoffnung nämlich, daß der Geliebte nicht verunglückt oder durch einen Feind beschädigt sei.

„Ja," rief sie, „sein Verschwinden wird mit dieser Reise zusammenhängen!"

„Ich denke mir," fügte Else hinzu, „daß er der Sohn vornehmer Eltern ist, die ihn aus irgend einer Ursache fortgegeben haben und ihn nun wieder anerkennen wollen, da er ein so prächtiger Bursche geworden ist. Denn das muß man ihm nachrühmen: er sieht gar nicht aus, wie ein Zimmergeselle. Ich habe oft meine Betrachtungen darüber angestellt."

„Warum aber hat Vater Brand nicht besser für ihn gesorgt? Der hätte doch Aufklärung geben müssen —"

„Weil Brand ein wunderlicher Mensch war!" rief Else eifrig. „Daß er was auf der Seele hatte, ist ganz richtig. Warum wollte er denn seine Schwester immer sprechen? Warum hat er Albert noch den letzten Sonntag nach der Stadt geschickt? Als Frau Wiprecht kam, war es zu spät."

Sie unterhielten sich noch lange.

So erfuhr Louise Alles, was in dem Häuschen Brand's vorgegangen war.

Als Else schied, sagte sie:

„Nun bin ich ruhig geworden. Aber nicht wahr, Sie verrathen Nichts von dem, was ich Ihnen anvertraut habe."

„Keine Silbe!" versicherte Louise.

Während Else über die Straße ging, dachte sie:

„Die schöne Louise hat Albert gern, das lasse ich mir nicht nehmen. Ihr konnte ich wohl mein Herz ausschütten, und das ist mir lieb. Ach, wenn der arme Mensch doch wieder käme!"

Sie setzte den Weg nach dem Dorfe fort.

Louise stand sinnend am Fenster.

„Albert, der Sohn einer vornehmen Familie!" dachte sie. „Ist er es, so verläßt er mich doch nicht, er ist ein braver Mann und wird mir treu bleiben. Sollten Reichthum und Rang seine Gesinnungen ändern, so möchte ich doch, daß er Zimmermann bliebe. Der Name Brand ist eben so ehrenvoll als jeder andere. Ach, wüßte ich nur die Worte jenes rohen Menschen und das seltsame Benehmen meines Vaters zu deuten, mit dem seit einiger Zeit eine völlige Umwandlung vorgegangen ist. Wenn man Albert eben deshalb nachstellte, weil er aus vornehmer Familie stammt —"

Sie mußte doch weinen.

Da kam die Mutter aus der Kirche zurück.

Frau Wiprecht begleitete sie.

Louise mußte nun der Alten, die sich in lächerlicher Weise brüstete, die vornehme Dame zu spielen, die gewohnten Aufmerksamkeiten beweisen. Ging sie nicht rasch und geschickt genug dabei zu Werke, so traf sie ein giftiger Blick der Mutter, die lächelte, wenn sie mit der reichen Witwe sprach, und verdrossen und bösartig aussah, wenn sie an andere Personen Worte richten mußte.

Louise fügte sich den ihr gestellten Anforderungen mit einem unbeschreiblichen Gefühle; sie haßte das alte Weib und beklagte die Mutter, der sie sich in voller Kindesliebe nicht mehr zuneigen konnte. Sie brachte das Gespräch auf den verschwundenen Albert.

„Ist er endlich fort?" fragte gleichgültig die Alte.

Frau Gerold hatte mit großer Spannung zugehört.

„Wer hat Dir das gesagt?" fragte sie.

Louise erzählte Else's Besuch.

„Der gute Mann hat mir von jeher mißfallen," sagte die Witwe. Er wollte stets höher hinaus, als die Mittel es ihm erlaubten. Ich bleibe dabei, daß er meinem verstorbenen Bruder die Forderungen eingab, die dieser unverschämt an mich stellte."

„Gewiß," fügte Cölestine redselig hinzu. „Der Taugenichts war der Böse in Ihrer Familie. Sie würden fried=

lich mit Ihrem Bruder haben verkehren können, wenn dieser Mensch nicht gewesen wäre."

„Du hast Recht, liebe Cölestine!"

„Ich habe immer Recht. Denken Sie nun daran, Ihr Häuschen in Empfang zu nehmen, Mama!"

„Morgen wird mein Rechtsanwalt Vollmacht erhalten."

„Vergessen Sie es nicht!"

„Wenn nun Albert zurückkommt?" fragte Louise.

Cölestine, die Fromme, gab heimlich ihrer Tochter einen Stoß in den Rücken.

„Dummes Geschöpf," flüsterte sie giftig, „was kümmert Dich das?"

Louise wandte sich ab, um ihre Thränen zu unterdrücken.

Cölestine saß neben der Alten auf dem Sofa.

„Da haben Sie es, Mama!"

„Was denn?"

„Die Fügung des allgütigen Gottes!"

„Was hat er denn gefügt, mein liebes Kind?"

„Die Entfernung des lästigen Zimmergesellen, der so viel Unheil angerichtet hat. Ich kann mir nicht helfen! ich muß es aussprechen — Albert war ein listiger, ein gefährlicher Mensch. Gott hat ihn entfernt, daß wir Ruhe vor ihm haben sollen."

„So scheint es auch mir!" sagte Frau Meta. „Die Wege des Herrn sind wunderbar. Cölestine, wenn ich Dich nicht hätte, wenn ich Deine frommen Sprüche nicht hörte, so würden mir Muth und Kraft fehlen, die Widerwärtigkeiten des Lebens zu ertragen. Gute und fromme Menschen bleiben doch eine gewaltige Stütze. Verlaßt mich nicht, Ihr seid ja meine Kinder."

„Nie, nie!" rief Cölestine. „Ich achte und liebe Sie wie die Mutter, die mir der Himmel so früh genommen hat."

Louise konnte diese Unterhaltung nicht länger hören; sie schlich in das Nebenzimmer und von dort ging sie nach ihrem Stübchen, wo sie den andrängenden Thränen freien Lauf ließ. Sie weinte nicht nur über den verschwundenen Geliebten, sie weinte auch über die Eltern — wie hatte sie den Vater, wie hatte sie die Mutter gesehen; Beide waren ihrem Herzen verloren; mehr als je fühlte sie es heute.

Mit Entsetzen gedachte sie der Handlungen, wozu Geiz und Habgier verleiteten. Die Mutter heuchelte und frömmelte, um das Vermögen eines alten Weibes zu erschleichen, und der Vater — war vielleicht ein Verbrecher.

Der traurige Sonntag verfloß.

Die neue Woche begann mit ihren Sorgen, Mühen und Arbeiten.

Meister Gerold war, wenn auch nicht heiter, doch ruhig. Er hatte Geld in der Kasse und die dringendsten Schulden waren theils gedeckt, theils durch Arrangement für später zahlbar geworden.

Cölestine pries zwar das gute Aussehen der Mama, aber sie wünschte ihr doch ein baldiges seliges Ende. Die Ausführung der Rolle, die sie der Alten gegenüber spielte, ward ihr lästig. Wahrlich, man mußte die Festigkeit und Zähigkeit dieser Frau bewundern, die einer bessern Sache würdig gewesen wäre.

Sie bekämpfte nicht nur ihren Verdruß, sie predigte

auch fromme Sprüche und Bibelverse mit einer Salbung,
die den unbefangenen Hörer rührte. Sie war nur harther=
zig, wenn es sich um Geld handelte; forderte man dies nicht,
so weinte sie mit den Leidenden, seufzte sie und verdrehte
die Augen und schüttete eine wahre Fluth von Tröstungen
aus. —

Gegen Mittag saß sie auf Posten am Fenster.

Da sah sie einen alten Mann, der das Haus gegenüber
betrachtete.

Oh, wie glänzten die Augen der frommen Frau! Ihre
Lippen kniffen sich zusammen und die Hände, dürr wie die
Beine einer Spinne, hielten zitternd den Strickstrumpf.

„Der Mensch," flüsterte sie, „findet ein besonderes In=
teresse an dem Hause! Wahrhaftig, er zieht die Glocke! Und
Grete öffnet! Sie läßt ihn eintreten! Ich habe ihr doch ge=
sagt, daß sie die Bettler ohne Unterschied abweise. Hat man
wohl Ruhe! Nun muß ich dort die Ordnung wieder her=
stellen."

Sie warf ein leichtes Tuch über die trockenen Schul=
tern und schlüpfte wie eine Katze aus dem Zimmer. Zwei
Minuten später öffnete sie die Hausthür der Witwe, die nicht
verriegelt war.

„Grete!" rief sie der Magd entgegen, welche polternd
die Treppe herabkam. „Bewachst Du so das Haus?"

„Ich habe die Thür offen gelassen, weil ich gesehen,
daß Sie am Fenster waren, Frau Gerold! Sollte ich denn
zuriegeln, um gleich wieder zu öffnen?"

„Wer ist der alte Kerl, den Du eingelassen hast?"

„Ich kenne ihn nicht."

„Und doch haft Du ihn nicht abgewiesen? Die Mama ist für Niemand zu Hause."

„Der Mann ließ sich nicht abweisen; er sagte, er wolle der Frau Wiprecht nur einen Brief übergeben, der sehr wichtig sei. Da habe ich ihn eingelassen und wollte Sie rufen, wenn Sie nicht gekommen wären. Der Brief hat auch wohl Wichtigkeit für Sie! Jedenfalls ist es gut, daß Sie darum wissen. Der Mann, der kümmerlich und arm aussieht, befindet sich bei der Frau. Gehen Sie nur, die Garderobe ist schon offen."

Cöleſtine eilte die Treppe hinan. Sie kannte jeden Winkel des Hauses. Unhörbar wie auf Katzenfüßen schlich sie über den Korridor und durch ein Zimmer, von wo sie in die Garderobe gelangte. So nannte man eine Art Alkoven, in dem die Witwe alte Kleidungsſtücke und Sachen der verschiedenſten Art aufbewahrte. Der Alkoven war nur durch eine Bretterwand von dem Wohnzimmer geschieden. In der Wand befand sich ein rundes Loch von der Größe eines Thalers, das man bei der dunkeln Tapete nicht gewahren konnte. Die Gattin des Zimmermeiſters hatte ein Aſtloch benützt, um sich einen Beobachtungspoſten zu schaffen. Die Witwe Wiprecht ſtand demnach ſtets unter Aufsicht, ohne daß sie eine Ahnung davon hatte.

Cöleſtine, die fromme Frau, auf einer Fußbank ſtehend, belauſchte nun folgende Szene.

Frau Wiprecht, deren schwammige Nase eine Hornbrille trug, saß gemüthlich in einem bequemen Lehnſtuhle. Vor ihr ſtand der alte Handwerksgeselle, den Fritz Blei am Begräbnißtage Brand's in der Schenke des Dorfes Buchau getroffen hatte. Der Greis hatte sich so anständig gekleidet als es seine armselige Garderobe erlaubte. Der Rock, dessen Farbe sich nicht beschreiben läßt, reichte bis zu den Füßen hinab. Der Kragen des Hemds war weiß; ein rothes Kattuntuch hielt ihn zusammen.

„Sie wären der Bruder meines verstorbenen Mannes?" fragte die Witwe im Tone höchsten Erstaunens.

„Franz Wiprecht."

„Das ist mir unbegreiflich."

„Ich kann es beweisen."

„So viel ich weiß, ist Franz Wiprecht todt."

„Nein, er ist nur verschollen gewesen. Das mag wohl Anlaß zu dem Glauben gegeben haben, ich sei gestorben. Mein Bruder Wilhelm —"

„Ganz recht, der Selige hieß auf Erden Wilhelm."

„Mein Bruder Wilhelm war eigentlich Maurer wie ich es bin."

„Nun ja, er war Handwerker, das thut Nichts."

„Sie erinnern sich wohl, daß er mich Ihnen einmal vorstellte, als Sie noch seine Braut waren."

„Nicht genau mehr, mein bester Mann — ach Gott, es ist so lange her, daß ich die Braut meines geliebten Wilhelm war — warten Sie, wie lange ist es doch her —"

Der Greis strich seinen abgetragenen Hut, indem er die Witwe unterbrach:

„Lassen Sie das, es kommt ja nicht darauf an. Ich bin der ältere Bruder, Wilhelm war um zwei Jahre jünger —"

Frau Meta entledigte sich ungeduldig ihrer Hornbrille.

„Was wollen Sie denn eigentlich?" fragte sie.

„Es schickt sich doch wohl, daß ich meine Schwägerin besuche."

„Nun ja."

„Ich wäre früher gekommen, aber Sie waren verreist."

„Mein Gesundheitszustand zwingt mich, einsam und einfach zu leben. Umgang kann ich gar nicht haben — Die Kirche ist der einzige Ort, den ich besuche. Sie sind arm, ich sehe es Ihnen an —"

„Das ist wahr, ich bin alt und arm. An Verdienen werde ich kaum noch denken können."

Die Witwe erschrack.

„Du lieber Gott!" rief sie.

„Ein alter Geselle findet nirgends einen Posten."

„Was wollen Sie denn anfangen?"

„Ja, das ist es eben!" seufzte der Greis.

„Ich kann wenig, ich kann nichts für Sie thun. Hier sind zwei Thaler —" Meta nahm eine Börse vom Tische.

„O, Madame," rief stolz der Greis, „ich bin nicht gekommen, um Sie anzubetteln. Behalten Sie Ihr Geld, ich mag es nicht. Der Bruder ihres verstorbenen Mannes hätte wohl einen freundlichern Empfang verdient, wenn er auch in dürftigen Kleidern kommt."

„Lieber Mann, ich wiederhole Ihnen, daß ich den Bruder meines Seligen nicht kenne."

„So lernen Sie ihn kennen, ehe Sie ihn wie einen Bettler abspeisen."

„Oh! Oh!" rief Meta entrüstet. „Will man mir Gewalt anthun in meinem eigenen Hause?"

„Nein, nein!“

„Die Bettler werden unverschämt.“

„Mäßigen Sie sich!“

„Da kommen Leute und geben sich für Verwandte aus — man kennt das schon!“

„Ich kann beweisen, daß ich Franz Wiprecht bin.“

„Und ich fordere keine Beweise!“ rief heftig die Witwe. „Hier sind fünf Thaler, nun gehen Sie!“

Die fromme Cölestine zuckte heftig zusammen.

„Wie dumm!“ flüsterte sie im verbissenen Zorne. „Als ob man fünf Thaler auf der Straße fände. Der Mensch ist ein gefährlicher Abenteurer, der sich wohl gar Gewaltthätigkeiten erlaubt, wenn er seine Rechnung nicht findet.“

Aber Franz erlaubte sich keine Gewaltthätigkeiten; er sagte ganz ruhig:

„Ich hätte gern anders mit Ihnen verhandelt, aber Sie wollen es nicht. So muß ich Sie denn für eine fremde Person halten, auf die ich keine Rücksicht zu nehmen brauche. Und das soll geschehen.“

„Ich rufe Hilfe!“

„Würde sehr überflüssig sein.“

„Oeffne ich dieses Fenster, so sind herzhafte Männer da, die eine arme alte Frau vertheidigen.“

Franz sah durch das Zimmer, das bequem und prächtig eingerichtet war.

„Arm? O, mein Bruder muß schönes Geld hinterlassen haben. Der Maurer und Kellerarbeiter hat verdient —“

„Weil er es sich hat sauer werden lassen, weil er thä=

tig gewesen, während Andere in den Wirthshäusern geschwelgt
haben. Sie wollen wohl erben?" fragte Meta höhnend.

Der Greis blieb immer noch ruhig.

„Wenn es irgend angeht. Der Bruder hat wohl An=
sprüche auf das Erbe des Bruders."

„Es geht aber nicht an, mein Freund!"

„Warum denn nicht?"

„Weil ich Kinder hatte, die gestorben sind."

„Ah so!"

„Die Kinder erbten von dem Vater —"

„Wie natürlich."

„Und die überlebende Mutter erbte von den Kindern.
Ich bin die Mutter dieser Kinder."

„Dann freilich habe ich keine Hoffnung auf eine Erb=
schaft."

„Darum ersuche ich Sie, mich ferner nicht zu stören,
denn ich leide an Nervenschwäche und könnte eine ernste
Krankheit davontragen. Außerdem erwarte ich Besuch —"

„Das Alles soll mich nicht abhalten, mit Ihnen ein
ernstes Wort zu sprechen."

Franz setzte sich auf den nächsten Stuhl.

„Wie frech!" rief entrüstet die Witwe.

„Da Sie mir altem Manne keinen Stuhl bieten, so
nehme ich ihn mir, denn das Stehen wird mir sauer, und
ich habe Ihnen Manches mitzutheilen."

„Ich kenne Sie nicht, ich kenne Sie nicht!"

„Sie werden mich schon erkennen, wenn Sie einige
Minuten zugehört haben."

„Soll ich das Fenster öffnen?"

„Nach Belieben.“

„Es ist das Zeichen, daß ich Hilfe brauche.“

„Dann werden auch die herzhaften Männer meine Mit=
theilungen hören, ein Umstand, der Ihnen wohl unangenehm
sein möchte. Es gibt eine gewisse Kellergeschichte —“

„Mensch, was soll das heißen?“

Frau Meta war in ihren Stuhl zurückgesunken. Es
ließ sich nicht unterscheiden, ob sie vor Aerger oder vor
Schrecken zitterte.

Cöleftine sah aus ihrem Verstecke Alles. Sie stand wie
auf Kohlen.

„Was werde ich hören?“ dachte sie. „Dieser Mann
muß doch wohl der Bruder des verstorbenen Wiprecht sein.
Er spricht von einer Kellergeschichte —“

„Gnädige Frau,“ begann Franz, und es lag in seinen
Worten ein nicht zu verkennender Hohn. „Gnädige Frau,
ich bin zwar nur ein schlichter Maurergeselle, aber ich habe
so viel Menschen und Dinge kennen gelernt, daß ich mehr
Erfahrung habe, als ein Maurermeister, der den großen Herrn
spielt. Darum wundere ich mich auch über den Empfang
nicht, der mir von Ihnen wird. Aber aussprechen will ich
mich, offen, ganz offen. Zunächst sollen Sie erfahren, wie
ich mich von meinem Bruder getrennt habe. Sind wir auch
allein?“

Die Witwe nickte mit dem Kopfe; sie wollte oder konnte
nicht sprechen.

„Gut,“ sagte Franz.

Er rückte seinen Stuhl näher heran.

Nachdem er den Hut auf den Boden gesetzt, fuhr er fort:

„Mein Bruder Wilhelm war von Jugend auf ein ungeschickter Maurer, die Meister nahmen ihn nicht gern. Darum verdiente er wenig, und doch wollte er gut leben.“

„Machen Sie den Verstorbenen nicht schlecht!“ rief Meta.

„Ich spreche nur die Wahrheit, und Wahrheit ist ein gutes Ding. Ich, der ich von Morgens früh bis Abends spät arbeitete, habe den Wilhelm oft unterstützt. Meine liebe Frau, ich habe ihm auch den Arbeiterposten bei dem Kaufmann Rose verschafft. Da Sie dies nicht wissen, muß ich es Ihnen sagen. Vielleicht wäre es besser gewesen, wenn Wilhelm Soldat geworden wäre — doch, das ist nun vorbei. Wilhelm war ein hübscher Junge, und sein Herr fand bald Gefallen an ihm. Er machte ihn zum Küper in seinem großen Weinkeller, denn Rose trieb einen starken Handel mit Wein.“

„Dies Alles weiß ich zur Genüge!“ meinte Meta.

„Desto besser.“

„Und da es auch die ganze Stadt weiß —“

„So schließen Sie, daß auch ich es wissen kann. Geduld, es kommen Dinge, die die Stadt nicht kennt. Eines Sonntags besuchte ich wie gewöhnlich den Bruder. Nachmittags so gegen vier Uhr trat ich in sein Stübchen, das in einem Hofgebäude lag. Wilhelm war nicht darin. Ah, dachte ich, er ist wohl im Keller. Der Keller befand sich dicht nebenan. Ich ging dorthin — richtig, die Thür war angelehnt. Da ich nun schon oft in dem Keller gewesen war und Appe-

tit auf ein Gläschen hatte, stieg ich die Treppe hinab. Ich
ging durch die Stückfässer und kam in den Flaschenkeller,
wo Wilhelm gewöhnlich beschäftigt war. Da brannte das
Talglicht auf dem großen Eichentische, an dem wir schon
manch liebes Mal vergnügt gesessen hatten, ohne daß es der
Prinzipal wußte. Aber Wilhelm war nicht da. Ich rief seinen Namen — kein Mensch antwortete. Ah, dachte ich, wenn
das Licht brennt, muß er bald kommen, er ist vielleicht in
einem Nebenkeller. Und so leerte ich das volle Glas, das
auf dem Tische stand; ich füllte es auch zum zweiten und
dritten Male aus einer Flasche, die ich entkorkt vorfand.
Wetter, was für Wein mußte das sein!

„Nach drei Gläsern war ich so berauscht, daß der
ganze Keller sich mit mir drehte. Ich wollte an die frische
Luft und trat den Rückweg an. Wohin ich gekommen, weiß
ich nicht — ich taumelte und verlor die Besinnung. Ich
muß wohl lange geschlafen haben; als ich erwachte, hatte ich
Kopfschmerz und wußte nicht, wo ich lag. Mich fror —
wohin die Hände fühlten, war es naß und kalt. Noch glaubte
ich, daß mich ein Traum plagte — da hörte ich Stimmen
und das Klirren von Gläsern. Nun setzte ich mir die Sinne
zurecht — ich erinnerte mich, daß ich in Herrn Rose's Keller
war. Rechts und links lagen große Fässer und durch eine
Spalte vor mir konnte ich den Tisch in dem Flaschenkeller
sehen, an dem zwei Männer standen. Der eine war Herr
Rose, der andere war ein Fremder, ein schöner Mann in
seinen besten Jahren. Mein Bruder brachte Flaschen, die
probirt wurden. Ich hörte, daß von Weinpreisen die Rede
war und daß der Fremde von Lieferungen sprach, die pünkt-

lich erfolgen sollten. Herr Rose ließ ihn immer mehr pro-
biren; dem Fremden mochte es wie mir ergehen — er taumelte und sank auf den Tisch. Da lag er wie leblos. Kaum
war er umgesunken, als Herr Rose ihm eine Brieftasche aus
dem Rocke zog und diese, nachdem er die Papiere darin
durchgesehen, zu sich steckte. „Wilhelm," sagte er hastig,
„nun verdiene Dein Geld." Und was that nun Wilhelm?
Er nahm ein kleines Handbeil und versetzte dem Leblosen
mehrere Schläge an den Kopf. Der Fremde sank zu Boden,
ohne einen Laut auszustoßen. Ich wäre umgefallen, wenn ich
nicht schon auf der kalten Erde gelegen hätte. Mir war, als
ob ich selbst die Schläge an den Kopf bekommen hätte."

Frau Meta hielt beide Hände vor das Gesicht.

„Mann, Sie sind wahnsinnig!" rief sie kreischend.

„O, ich weiß nur zu gut, was ich spreche. Bin ich
auch alt, so ist mein Gedächtniß doch noch frisch. Ich sehe
die Verbrecher so deutlich vor mir, als ob die Geschichte erst
gestern passirt wäre. „Ist das Loch fertig?" fragte nun
Herr Rose. „Ja!" antwortete Wilhelm. Beide trugen den
Erschlagenen tiefer in den Keller. Nach zehn Minuten hörte
ich hämmern; man mußte auf Steine schlagen. Das Geräusch brachte mich zur vollen Erkenntniß der Dinge zurück.
Ich erhob mich. Da sah ich auf dem Tische ein kleines Packet
Papiere liegen. Ohne eigentlich recht zu wissen, was ich
damit wollte, kroch ich zwischen den Fässern hervor, nahm
das Packet und schlüpfte in mein Versteck zurück. Nun wurde
mir doch bange. Zwei Menschen, die so etwas vollbringen
konnten, wären auch fähig gewesen, einen Zeugen ihres Verbrechens zu morden. Und da saß ich ruhig auf dem Balken,

der den Stückfässern als Unterlage diente. Das Hämmern hörte nach einer Viertelstunde auf. Zuerst kam Herr Rose zurück. Grinsend öffnete er das Taschenbuch, nahm Papiere heraus und verbrannte sie mit zitternder Hand an dem Lichte. Der Mann sah schrecklich aus. Nie werde ich das todtbleiche, verzerrte Gesicht und die wie im Fieber bebenden Hände vergessen. Es muß doch keine Kleinigkeit sein, einen Mord auf dem Gewissen zu haben. „Die Wechsel sind vernichtet!“ lallte der Kaufmann — „die falschen Wechsel!“ Dann rieb er sich die Hände und leuchtete auf den Boden. So traf ihn Wilhelm. „Es ist kein Blut geflossen,“ sagte dieser ruhig. „Der Weinhändler liegt ganz still unter der Mauer, die ich aufgerissen habe.“

„Ganz still?“ fragte der Kaufmann.

„Er regt kein Glied mehr.“

„Wenn er nun wieder zur Besinnung kommt?“

„So halten ihn die Steine fest, die ich auf ihn geschichtet habe. Es sind große und schwere Steine.“

„Es hat doch Niemand den Reisenden gesehen?“

„Nur Meta, Herr Rose, und Meta ist meine Braut, die ich bald heiraten werde.“

„Heirate, Freund Wilhelm, heirate; ich zahle Dir außer den versprochenen fünfhundert Thalern von jetzt an doppelten Lohn. Das Häuschen im Hofe magst Du Dir zur Familienwohnung einrichten. Ich möchte noch einmal die Mauer sehen.“

„Kommen Sie!“

„Die beiden Männer gingen tiefer in den Keller; ich aber hielt es für gerathen, zu entfliehen. Glücklich erreichte

ich die Treppe und den Hof. Auch durch das Haus konnte
ich gehen, ohne bemerkt zu werden. Als ich die Straße be=
trat, rief der Wächter die zehnte Stunde an. Es war noch
Sonntags Abend, dies merkte ich an den lustigen Leuten,
die vorübergingen. Mir aber war das Herz so schwer, als
ob ich selbst eine Sünde begangen hätte. Ich wußte, daß
mein Bruder ein leichtsinniger Mensch war, aber für schlecht
hatte ich ihn bis dahin nicht gehalten. Wodurch war er
schlecht geworden? Durch Faulheit und Habsucht. Ich kam
in meinem Dachstübchen an. Mein Kamerad, mit dem ich
es bewohnte, war noch nicht zu Hause. Und wissen Sie,
wer dieser Kamerad war? Andreas Brand, ein braver Zim=
mergeselle. Ich zündete die Lampe an und besah mir das
kleine Packet näher. Es waren lauter Briefe. In dem einen
stand, daß Rudolf Hart den Kaufmann Rose in das Schuld=
gefängniß sollte bringen lassen, wenn dieser die beiden Wech=
sel von zehntausend Thalern nicht bezahlte. Nun konnte
ich mir erklären, warum man den Reisenden aus der Welt
geschafft hatte. Und mein Bruder hatte die Hand dazu ge=
boten! Ich habe die ganze Nacht nicht geschlafen, denn ich
dachte immer an die schrecklichen Vorgänge im Weinkeller.
Montags Morgen ging ich zur Arbeit. Ich war halb krank.
Abends fragte mich Andreas, was mir fehle. Gern hätte ich
es ihm gesagt; aber ich konnte doch den eigenen Bruder nicht
anklagen. So verfloß eine kurze Zeit. Da kam Wilhelm und
lud uns zur Verlobung ein. — Sie wissen doch noch, daß
diese in dem Hofhäuschen gefeiert wurde. Sie erinnern sich
auch wohl, daß Andreas und ich die einzigen Gäste waren.
Herr Rose hatte viel Wein und Speisen geschickt, weil er,

so sagte er damals, seine Leute ehren wollte. Acht Tage
nach der Verlobung fand die Trauung statt, und mein Bruder wohnte mit seiner jungen Frau in einem hübschen Häuschen. Aber ich beneidete ihn nicht darum, ich mied sogar das
Haus, obgleich ich sehr oft eingeladen wurde. Wie theuer
hatten die briden Eheleute ihr Glück erkauft — der Mann
hatte einen Mord begangen und die Frau wußte darum!"

Frau Wiprecht saß zusammengekauert auf ihrem Stuhl.

Cölestine, die in ängstlicher Spannung lauschte, glaubte,
ihre liebe Mama sei eingeschlafen. Wenn der Leser aber
wähnt, die fromme Frau wäre ob der Frevelthat entsetzt gewesen, so
irrt er; Cölestine hatte längst eine Ahnung von der dunkeln
That, durch die Wiprecht das Vermögen erlangt — jetzt
vernahm sie die gräßlichen Einzelnheiten derselben, und zwar
mit großer Genugthuung. Sie zitterte aus Furcht, daß ihr
ein Wort entgehen möge. Sie konnte ja Alles seiner Zeit
gut verwenden.

Franz Wiprecht fuhr ruhig fort, nachdem er sich durch
eine Prise Tabak erfrischt hatte.

„Einmal des Abends kam Wilhelm zu mir und sagte,
daß in dem Weinkeller eine Maurerarbeit zu verrichten sei,
die er mir übertragen wolle, damit ich einen guten Lohn
verdiene. Ich könnte Abends kommen, da doch einmal Licht
gebrannt werden müßte, zum ersten Male bemerkte ich, daß
er verstört aussah. Der Mensch dauerte mich, er blieb ja
immer mein Bruder. „Ist denn die Arbeit so dringend?"
fragte ich ihn. „Ja wohl," war die Antwort, „es hat sich
eine Mauer gesenkt und das kann gefährlich werden." Mehr
aus Mitleid als um zu verdienen, übernahm ich die Arbeit.

Es durfte ja kein Anderer den Keller betreten, in dem ich eine Leiche wußte. Wir verabredeten uns und ich ging nach Feierabend in den Keller, wo ich Handwerkzeug, Steine und Mörtel vorfand. Die Mauer hatte sich wirklich gesenkt; es konnte ein großes Unglück entstehen, wenn nicht rasch Abhilfe gebracht wurde. Und wodurch war der Schaden entstanden? Durch das Loch, das Wilhelm gegraben hatte. Mir kam es vor, als ob das Schicksal es so gewollt hätte. Wilhelm hatte schon gearbeitet, das sah ich wohl; aber seine Hände allein reichten nicht aus, um das Werk so rasch zu vollenden, als es nöthig war. Wir brauchten auch Stützen, und darum mußte Andreas gerufen werden. Wilhelm zeigte Anfangs keine Lust dazu; als ich ihm aber das Dringende der Reparatur bewies, willigte er endlich ein. Andreas kam. Er stützte die Decke und ich mauerte am Grunde. Wie mir dabei zu Muthe war, kann ich nicht sagen. Ich merkte es wohl, daß Wilhelm auf dem Grunde schon gemauert hatte. Es war schlechte Arbeit. Als ich ihn darauf aufmerksam machte, antwortete er: Laß die Steine liegen, sie werden schon halten, arbeite nur weiter. Wir bekamen viel Wein zu trinken. Herr Rose ließ sich nicht sehen. Wilhelm leistete Handlangerdienste. Schon glaubte ich, daß ich über das Grab hinaus sei, da berührte meine Kelle den Fuß eines Menschen. Ich flüsterte es dem Bruder zu. „Dummheit!" murmelte er. Aber ich sah doch, daß er zitterte und blaß geworden war. Andreas stand nicht weit von uns; er hatte Alles gehört. Da warf sich Wilhelm zu Boden und setzte rasch Stein auf Stein, daß das Loch verschwand. Gegen Morgen gingen wir nach Hause. Wir wollten in den folgenden Nächten die Arbeit vollenden."

„Franz," sagte Andreas unterwegs, „die Geschichte kommt mir verdächtig vor!"

„Was für eine Geschichte?"

„Ich habe den Menschenfuß wohl gesehen, den Wilhelm verscharrt hat."

„In einem alten Weinkeller findet sich Manches."

„Wir sollten es doch anzeigen."

„Die Sache kümmert uns nicht."

„Oh! Oh!" rief Andreas. „Wenn man nun später einmal nach den Arbeitern fragt — wir sind noch nicht Meister — da könnte der Verdacht auf uns fallen, wir wüßten um einen Mord. Der Herr Rose sieht ganz seltsam aus — Wilhelm freilich kann die Sache nicht anzeigen —"

„Auch wir nicht."

„Warum nicht?"

„Das werde ich Dir zu Hause erklären."

„Wir waren in unserm Stübchen."

„Andreas sah mich fragend an."

„Du weißt mehr als Du wissen möchtest!" rief er aus.

„Nun ja!"

„Willst Du Deine Schwester anklagen?"

„Meta!"

„Soll ich den eigenen Bruder verrathen?"

„Um Gottes willen, gib mir Aufschluß!" bat der Zimmermann.

„Ich erzählte nun Alles, was ich wußte."

„Wahrlich, mir war eine Last vom Herzen genommen;

das schreckliche Geheimniß allein zu bewahren, ging über meine Kraft. Ich zeigte auch Andreas die Papiere —"

„Du haft Recht, Franz!" rief er betrübt.

„Ich bedauere den Bruder."

„Und ich bedauere die Schwefter."

„Das Gericht wird beide sofort einkerkern, wenn wir ein Wort sprechen."

Bei dem Worte „einkerkern" zuckte Meta zusammen. Dann stieß sie einen tiefen Seufzer aus. Nun verblieb sie wieder regungslos.

Der alte Maurergeselle erzählte weiter:

„Andreas und ich, wir gaben uns das Wort, die Geschwister nicht in's Unglück zu stürzen. Das Elend, ein Verbrechen auf dem Gewissen zu haben, ist ja schon so groß, daß es eine schwere Strafe genannt werden kann. Nach einer Arbeit von drei Nächten stand die Mauer fest und ein Einsturz des Hauses war nicht mehr zu fürchten. Herr Rose selbst zahlte uns einen Lohn, der alle unsere Erwartungen überstieg." ·

„Franz, sagte Wilhelm zu mir, Du wirst so klug sein, und von der albernen Geschichte nicht sprechen, denn sie könnte der Kundschaft meines Herrn Abbruch thun. Wer weiß, was Du im Finstern gesehen hast. Tollheit, wie soll ein Menschenfuß in unsern Keller kommen!"

„Der arme Mensch suchte lustig zu scheinen und zu scherzen; er meinte, ich habe einen kleinen Rausch gehabt und habe einen Stein für einen Fuß gehalten. Wahrlich, der Mensch that mir leid. Ich hätte nicht an seiner Stelle sein

mögen, trotzdem er gut lebte und wenig zu thun hatte, denn
sein Herr mußte ihn schonen.

„Merkwürdigerweise war von dem verschwundenen Wein=
händler nirgends die Rede; auch in den Zeitungen, die doch
sonst Alles aufstechen, las ich nichts davon. Herr Rose mußte
die Schlinge sehr geschickt gelegt haben. Meinetwegen, dachte
ich, wo kein Kläger, ist auch kein Richter; mögen die Mör=
der zusehen, wie sie mit ihrem Gewissen fertig werden.

„Ich hatte Unglück mit meinen Meistern. Wenn man
seine Schuldigkeit thut, läßt man sich nicht chikaniren. In
der Hitze verwundete ich meinen Meister, einen groben, bös=
artigen Menschen, der seine Gesellen mißhandelte. Man trug
ihn besinnungslos vom Platze. Die Polizei kam, um mich
zu arretiren.

„Der Freiheit beraubt zu sein, war mir mehr als schreck=
lich; mit Hilfe meiner Mitgesellen konnte ich entspringen.
Abends spät suchte ich Zuflucht bei meinem Bruder, der mich
auch gern aufnahm und zu schützen versprach. Er zog Er=
kundigungen ein über den Stand der Dinge und that Alles
zu meiner Sicherheit. Eines Abends brachte er die Nachricht,
daß der Meister an seiner Kopfwunde wohl sterben würde,
und daß Gendarmen überall nach mir spähen. Mir war, als
ob ein Donnerschlag auf mich herabführe. Ich hätte mein
eigenes Leben darum gegeben, um den Meister zu retten.
Was ich in der Hitze der Erbitterung gethan, sollte nun so
schwere Folgen haben.

„Du mußt fort, Franz!“ sagte mein Bruder. „Dein
Aufenthalt hier ist nicht mehr sicher.“

„Ich werde mich dem Gerichte stellen!" rief ich verzweiflungsvoll.

„Bist Du wahnsinnig, Mensch?"

„Die Qual, die ich ertrage, ist zu groß."

„Wie wird die Qual sein, wenn man Dich die ganze Zeit Deines Lebens in Ketten wirft?"

„Das war eine gräßliche Aussicht!

„Vielleicht auch," setzte mein Bruder hinzu, „schleppt man Dich auf das Schaffot."

„Ein eiskalter Schauer durchrieselte mich.

„Bist Du in Amerika oder in Australien," tröstete Wilhelm, „so kann Dir kein Teufel was anhaben. Der Meister trägt selbst die Schuld, warum hat er Dich, den fleißigen und ruhigen Gesellen, gereizt. Du hast gewiß nicht die Absicht gehabt, ihn zu erschlagen."

„Gott ist mein Zeuge!"

„Dieser Zeuge hilft Dir aber nicht, wenn Du Dir nicht selbst hilfst. Das Gericht fragt nicht darnach, ob Du einen guten oder einen schlechten Kerl erschlagen hast. Alle Gesellen freuen sich, daß der Meister seinen Mann gefunden hat. Bringe Dich in Sicherheit, und Du wirst bald ruhiger über die Geschichte denken. Hier ist Deines Bleibens nicht."

„Das sehe ich wohl ein; aber wie komme ich fort?"

„Ich sorge für Alles!"

„Weinend fiel ich dem Bruder um den Hals."

„In derselben Nacht trafen wir die Vorbereitungen zur Abreise. Wilhelm brachte mir einen vollständigen Anzug des Herrn Rose, der mir paßte, als ob er für mich gefertigt sei.

Ich sah aus wie ein vornehmer Herr, und nicht wie ein Maurergesell; dazu erhielt ich einen Paß und tausend Thaler Geld."

„Das Geld habe ich mir erspart," sagte Wilhelm; „aber ich gebe es gern, um dem Bruder zu helfen. Und nun merke Dir: Du bist jetzt nicht mehr Franz Wiprecht, sondern der Weinhändler Rudolf Hart."

„Der Name fuhr mir wie ein Blitz durch den Kopf. Ich erzählte nun Alles, was ich wußte. Wilhelm lächelte."

„Laß das, sagte er, wir sind in gleicher Lage. Willst Du dankbar sein, so reise als Rudolf Hart aus dieser Stadt und suche Dir jenseits des Meeres ein ruhiges Plätzchen. Du verstehst mich doch?"

„Ich verstand ihn nur zu gut. Die vermeintliche Abreise des Weinhändlers Hart lenkte den Verdacht von der Stadt ab, wo er verschwunden war. Außer meinem Bruder sah ich Niemanden.

„Während der Nacht tranken wir gute Weine. Gegen fünf Uhr Morgens, es war noch dunkel, gingen wir zur Post. Wilhelm trug mir wie ein Diener die Reisetasche, die mit Wäsche und guten Kleidungsstücken angefüllt war. Ich zeigte meinen Paß vor, zahlte und erhielt ein Passagierbillet, das auf den Namen Rudolf Hart lautete. Mit dem Schlage fünf Uhr fuhr der Postwagen ab. Ich erreichte glücklich Hamburg. Dort fand ich ein Schiff, das mich nach Sidney in Australien brachte. Rudolf Hart war also unangefochten entkommen. Die beiden Brüder, Franz und Wilhelm Wiprecht konnten nun in Ruhe leben."

Der Greis erfrischte sich wiederum durch eine Prise. Dann fuhr er fort:

„Die lange Reihe von Jahren, die ich in Sidney verlebt, übergehe ich. Nur so viel will ich sagen, daß meine Verhältnisse bald günstig, bald ungünstig, einige Male selbst sehr glänzend gewesen sind. Ich meine damit die äußeren Verhältnisse, denn die Ruhe des Gemüths fand sich nicht wieder ein, nachdem mir Wilhelm geschrieben hatte, daß der Maurermeister an der Verwundung, die ich ihm beigebracht, gestorben sei. Aber auch ich sollte gestorben sein, wie Wilhelm ausgesprengt hatte. In den letzten Jahren verfolgte mich das Unglück so hart, daß ich mich nicht wieder erholen konnte. Eine unbesiegbare Sehnsucht trieb mich nach der Heimat zurück. Mit dem letzten kleinen Kapitale bewirkte ich die Rückreise; denn ganz arm kam ich in Bremen an. Ich wollte als Maurer arbeiten, um das liebe Brod zu verdienen — leider war ich zu alt geworden.

„So reiste ich denn weiter, zehrend von Almosen, die mir mildthätige Menschen spendeten. Das war eine saure Reise. Mir blieb nichts, als den Bruder aufzusuchen, der gewiß in guten Verhältnissen lebte und mich nicht verstoßen würde.

„Ich kam in Buchau an, als man den braven Andreas Prand begrub, der bei dem Baue eines Hauses verunglückt sein soll. Die erste Nachricht, die ich in der Heimat empfing, war eine traurige — ich hatte den besten Jugendfreund verloren. Darauf erfuhr ich, daß auch mein Bruder gestorben sei, und daß seine Wittwe, der er ein großes Vermögen hin-

erlassen, auf großem Fuße lebe, daß diese Witwe aber, troß-
dem sie fleißig bete und singe und die Kirche besuche, ihren
kranken Bruder nicht unterstützt und sich von dem armen
Arbeiter abgewendet habe. O, über die frommen Leute! Ich
habe dergleichen auch jenseits des Meeres kennen gelernt in
der abschreckendsten Gestalt. Fort mit dem häßlichen Bilde!
Ich erkundigte mich nach dem Maurermeister, den ich ver-
wundet hatte; er lebt heute noch als ein rüstiger Greis und
freut sich seiner Kinder und Enkelkinder. Wilhelm hatte mich
eingeschüchtert, um den Mitwisser seines schrecklichen Geheimnisses zu entfernen. Man würde mich, wenn ich geblieben
wäre, nur gelinde bestraft haben, da der Meister nur leicht
verletzt gewesen. Aber durch meine Reise war noch ein zweiter Zweck erreicht — die forschende Polizei hatte erfahren,
daß Rudolf Hart abgereist sei und sich nach Australien ein-
geschifft habe, nachdem er die Wechsel seines Großhandlungs-
hauses einlassirt. Der Bruder hat schändlich an dem Bruder
gehandelt — und nun will auch die Frau Schwägerin mich
nicht kennen, will behaupten, der Schwager Franz sei gestorben — habe ich nun dargethan, daß ich Franz Wiprecht
bin? Papiere besiße ich freilich nicht, denn mein alter zer-
rissener Paß legitimirt nur den Weinreisenden — aber Frau
Meta Wiprecht wird nun genug wissen, um mich für den
zu halten, der ich in Wahrheit bin.“

Franz griff wieder zu seiner Dose.

„Als ich ankam,“ fügte er schnupfend hinzu, „fühlte
ich mich gedrückt, beängstigt — seit ich aber die Gewißheit
habe, daß meine Hand keinen Mord vollbracht, bin ich ein
anderer Mann geworden. Und darum segne ich die Reise in

die Heimat — ich kann die Stirn hoch tragen und brauche die irdische Gerechtigkeit nicht zu fürchten. Gott allein hat gesehen, wie schwer ich unter der Ungewißheit über das Schicksal meines Opfers gelitten — Diese Ungewißheit ist nun beseitigt: der alt gewordene Franz Wiprecht kann frei aufathmen."

Jetzt regte sich die Witwe.

„Ich kann mich kaum von meinem Erstaunen erholen! Sie erzählen mir da Dinge, die ich nicht für möglich halte."

„Und doch sind sie geschehen."

„Nach Ihrer Angabe."

„Freilich, der einzige Zeuge, Andreas Brand, ist todt —"

„Lieber Mann," unterbrach ihn lächelnd die Witwe, „Sie selbst haben erfahren, daß ich mit meinem Bruder auf gespanntem Fuße gelebt —"

„Ganz recht."

„Ich frage Sie: würde ich den Andreas nicht gehegt und gepflegt haben, wenn ich gezwungen gewesen wäre, ihn bei guter Laune zu erhalten?"

„Ah, dahinaus wollen Sie!"

„Einen Menschen, den man fürchtet, reizt man nicht."

„Das ist wahr."

„Und ich hatte meinen Bruder nicht zu fürchten, darum wies ich seine Unverschämtheiten mit Stolz zurück, achtete auf seine Beleidigungen nicht und verzieh ihm, wie es einer Christin gebührt."

„Einer Christin!"

„Ich spende gern Almosen an würdige Arme, und wenn

4*

sie mir noch so fern stehen; aber dem Trotze stelle ich Hart=
herzigkeit entgegen, denn ich bin durchaus nicht gewillt, der
Lumperei Vorschub zu leisten. Die Pflicht gebietet, wahre
Armuth zu unterstützen und das Laster dem Verderben preis=
zugeben."

„Schöne Worte!" rief Franz. „O, man findet für Alles
ein Mäntelchen, selbst für die Hartherzigkeit gegen den leib=
lichen Bruder. Lassen wir das, meine liebe Frau, ich weiß
nun schon zur Genüge, mit wem ich zu thun habe. Und
darum will ich auch keine Umstände machen, werde vielmehr
auf geradem Wege zum Ziele schreiten. Ich schicke voraus,
daß ich jenseits des Meeres ein praktischer Mann geworden
bin, und als solcher werde ich in der Heimat handeln, denn
mir bleibt nur noch eine kurze Frist zu leben. Beweise über
meine Person bringe ich nicht mehr vor — Sie werden mich
schon als Schwager anerkennen. Ueber den Ursprung Ihres
Vermögens will ich keine Ermittlungen anstellen — außer
mir haben Sie keinen Verwandten mehr — wenn ich Ihr
Vermögen beanspruche —"

„Großer Gott!" rief Meta.

„Erschrecken Sie nicht!"

„Vermögen, nur Vermögen wollen die Leute!"

„Wenn ich also Ihr Vermögen beanspruche, so habe
ich ein Recht dazu."

„Wer gibt Ihnen das Recht?"

„Zunächst die Verwandtschaft. Ich werde nicht dulden,
daß das Vermögen, das mein unglücklicher Bruder durch ein
Verbrechen erworben, auf fremde Leute übergehe. Wer weiß
wie es heute mit Ihnen stände, wenn Rudolf Hart nicht mit

der Post abgereist wäre. Man würde dem Verschwundenen nachgeforscht und ohne Zweifel seine Leiche gefunden haben. Der Kaufmann Rose ist todt, Wilhelm und Andreas Brand leben ebenfalls nicht mehr — aber wenn die Mauer in dem Weinkeller aufgerissen wird, finden sich die Knochen des Ermordeten noch, den Meta hat kommen, aber nicht gehen sehen. Ich werde die Geschichte ohne Scheu erzählen und die Polizei führen. Doch dazu werden Sie mich nicht zwingen, Sie sind eine viel zu kluge Frau.

„Was verlange ich denn? Wenig, sehr wenig. Sie zahlen mir, so lange Sie leben, einen Jahrgehalt von sechshundert Thalern und setzen Ihren Schwager zum Erben ein, wenn Sie sterben. Scheide ich früher aus der Welt, als Sie, so gestatten Sie mir, daß ich über die Erbschaft verfüge, die mir nach meinem Tode zufällt. Verstanden? Von den Bequemlichkeiten, an die Sie gewöhnt zu sein scheinen, entgeht Ihnen keine — Sie wohnen ruhig in Ihrem schönen Hause, essen und trinken gut, gehen zur Kirche und beten nach Belieben. Ist es Ihnen genehm, so bete ich mit Ihnen, denn Sie müssen wissen, daß meine Lebenspraxis die Religion nicht ausschließt. Auf diese Weise bleibt Rudolf Hart unter seiner Mauer, und Ihr Vermögen, die Frucht eines Verbrechens, wird nicht von dem Kriminalgerichte einkassirt.“

Meta zitterte.

„Zugestanden,“ rief sie mit blitzenden Augen, „mein Mann hat unbedacht gehandelt — wer kann mich, seine schuldlose Wittwe, dafür verantwortlich machen? Ich weiß kein Sterbenswörtchen —“

„Das ist Sache des Gerichtes!“

„Ich habe mit dem Gerichte Nichts zu schaffen.“

„Die Untersuchung wird schon Licht verbreiten über alle dunkeln Partien, wozu auch das Verhältniß meines Bruders zu dem Kaufmanne gehört.“

„Und Sie wollen den Bruder anklagen?“

„Ja!“ antwortete der Greis entschieden.

„In diesem Falle können Sie Franz Wiprecht nicht sein. Der Bruder wird das Andenken des Bruders ehren.“

Der Greis schloß seine Dose wieder, die er halb geöffnet hatte.

„Vergessen Sie denn, wie Wilhelm an mir gehandelt hat?“ fragte er streng. „Einen Mord hat er auf mein Gewissen geladen, ein Verbrechen, das mich viele Jahre hindurch furchtbar gepeinigt hat. Tag und Nacht habe ich nicht Ruhe gehabt — der ermordete Meister schwebte stets vor meinem Geiste! Mein Leben ist ein qualvolles gewesen — für meine alten Tage will ich Ruhe haben. Kann ich Noth und Elend nicht fern von mir halten, so mag sich mein Geschick rasch erfüllen. Ich denke, Frau Schwägerin, wir gehen Hand in Hand —“

Die Schwägerin hatte die Brille auf die Nase gesetzt und sah forschend den Schwager an.

„Nicht weil ich eingeschüchtert bin,“ sagte Sie nach einer Pause; „sondern aus gutem Herzen will ich Sie unterstützen. Es ist doch wohl besser, wenn wir die Todten in Ruhe lassen. Mein Mann und mein Bruder liegen in der Erde — Friede sei ihrer Asche. Die Leute halten mein Vermögen für größer als es ist — ich gebe nach Kräften.“

Sie verließ ihren Platz, erschloß einen Sekretär und nahm aus einem Kasten desselben einige Banknoten, die sie dem Greise überreichte.

„Lassen Sie mir Zeit zum Besinnen," fügte sie hinzu; „die Dinge kommen mir so rasch, daß ich sie nicht fassen kann — hundert Thaler genügen wohl, um die Kosten für Ihre erste Einrichtung zu decken?"

Cölestine wäre fast zu Boden gesunken.

„Hundert Thaler!" flüsterte sie bestürzt. „Die Alte muß kindisch sein. Die schöne Erbschaft wird immer schmäler, und ich kann nichts thun, um diese maßlose Verschwendung zu hindern. Den Bruder wären wir los, nun kommt der Schwager — man möchte den Verstand verlieren."

Sie eilte auf den Korridor zurück.

Leise und ruhig klopfte sie an der Thür.

Frau Wiprecht forderte zum Eintreten auf. Und nun erschien Cölestine so heiter und unbefangen, als ob sie keine Ahnung von dem Gespräche habe, das ihr die Galle in das Blut getrieben. Meta stellte ihren Schwager Franz Wiprecht vor, der unerwartet aus der Fremde zurückgekehrt sei.

„Frau Gerold ist meine Freundin, die mir in kindlicher Liebe zugethan —"

Franz sah die Freundin scharf an, grüßte und ging.

„Ihr Schwager, Mama?"

„Franz."

„Sehen Sie sich vor."

„Warum denn, mein Kind?"

„Sie sagten, der Bruder Ihres verstorbenen Mannes sei gestorben."

„Die Nachricht muß wohl falsch gewesen sein.“

„Oder dieser ist ein Betrüger.“

„Er kommt weit her über das Meer, um seinen Bruder zu besuchen — ich habe ihm eine Kleinigkeit geschenkt.“

Frau Gerold bewunderte die Ruhe der Alten.

„Sie werden sich den Menschen doch nicht auf den Hals laden, Mama?“

„Nein!“

„Haben Sie ihm gegenüber Verbindlichkeiten zu erfüllen?“

„Ich wüßte nicht.“

„Oder hat er Ansprüche an den seligen Herrn Wiprecht?“

„Wenn er solche hat, so kümmern sie mich nicht. Brechen wir ab, mein liebes Kind —“

„Mama, ich lese es in Ihren Zügen.“

„Was, mein Kind?“ fragte rasch die Witwe.

„Daß Sie sich alterirt haben.“

„Natürlich, wenn ein Todtgeglaubter plötzlich erscheint?“

„Sie haben meinen Rathimmer noch nicht befolgt, haben Ihre Verhältnisse immer noch nicht so geordnet, daß Zufälligkeiten sie nicht verwirren können. Da leben Sie nun in steter Aufregung — ich möchte Ihnen so gern nützen. Ziehen Sie doch ganz zu uns, Sie werden die Herrin im Hause sein, und wir werden Sie pflegen, verehren und lieben — dann wagen es die Unverschämten nicht mehr, Sie aufzusuchen. Das Leben vergeht so rasch, jeder Tag, jede Stunde ist kostbar — ich begreife Sie nicht, Mama! Die Vorsehung hat uns einander so nahe gestellt, und Sie zeigen immer noch keine Lust, dem Fingerzeige des Himmels zu folgen.

Ich denke mit Schaudern an die Räthin, die Morgens todt im Bette gefunden ward."

"Mein Gott! Cölestine, wie kommst Du heute auf dieses Kapitel?"

"Weil ich als Tochter für Sie sorgen möchte. Denken Sie an die heillose Verwirrung; als das Testament fehlte — da kamen Advokaten, Gerichte, Gläubiger, Verwandte und Menschen, die sich sonst nicht gezeigt hatten. Das kleine Vermögen ward geplündert, und der einzige Sohn ging leer aus. Man stirbt ja deßhalb nicht, weil man seine Angelegenheiten geordnet hat. Nein, man lebt ruhiger, und deßhalb um so länger. Ein guter Christ bestellt sein Haus, daß er stets bereit ist vor dem Herrn zu erscheinen. Bei uns ist Alles geordnet, wir richten uns streng nach der heiligen Schrift."

"Du hast wohl recht, mein Kind, und ich bin gewiß eine gute Christin."

"Darum sorgen Sie, daß Ihr schönes Vermögen nicht in unwürdige Hände fällt."

Cölestine verfolgte mit stechenden Blicken die Witwe, die langsam zu ihrem Sekretär ging. Plötzlich blieb sie stehen; ihre zitternde Hand brachte die Schlüssel in die Tasche zurück. Sie mochte in dem Entschlusse, den die eindringliche Rede Cölestinens hervorgebracht, schwankend geworden sein.

"Haben Sie mir etwas anzuvertrauen, Mama? Geben Sie, geben Sie! Louise, das gute Kind, betet für Sie —"

"Ich überlege; es geht heute doch nicht — in den nächsten Tagen wird Alles so sein, wie es sein soll. Der Herr wird mich ja nicht so schnell abrufen. Und Du, liebe

Cölestine, geduldest Dich noch — Du wirst schon erfahren, daß ich als gute Christin handle."

Frau Gerold lächelte zwar, aber ein unbefangener Beobachter würde dennoch bemerkt haben, daß sich ein bitterer Groll in ihr regte. Die Witwe, die ihr liebes Kind für eine gute Christin hielt, ließ sich in das Haus des Zimmermeisters führen und blieb als Gast bei dem Mittagsessen. Herr Gerold war mürrisch und verschlossen; als er jedoch eine Flasche getrunken hatte, ward er gesprächig, selbst heiter. Man erzählte ihm, daß der Bruder Wiprechts angekommen sei.

„Da ist schon wieder ein Erbe!" rief er lachend aus.

„Still!" sagte Cölestine. „Die Mama weiß schon, was sie zu thun hat. Es ist nun die höchste Zeit, daß dem Schwanken ein Ende gemacht wird."

„Trinken Sie, Mama! Louise, besorge noch eine Flasche!"

Frau Meta Wiprecht trank und schlief nach Tische, während die betrübte Louise auf Geheiß der Mutter einen Choral spielte. Das arme Kind mußte durch die edle Kunst der Musik die Erbschleicherei unterstützen, die das würdige Elternpaar ausführte. Sie spielte unter heißen Thränen, die arme Braut!

Zweites Capitel.

Die Säule.

In einer der Hauptstraßen der Stadt lag um jene Zeit ein schmales, hohes Haus, das von den Leuten ironisch „die Säule" genannt wird.

Das Erdgeschoß dieses Hauses enthielt zwei Fenster und eine Thür, zu der eine Steintreppe von acht Stufen führte. Die Breite stand zu der Höhe durchaus nicht im Verhältniß, denn ein Erdgeschoß und vier Stockwerke müssen eine ausgedehntere Façade repräsentiren, als die von drei engen Fenstern. Der Spottname „die Säule" mochte seinen Grund darin finden, daß das schmale, hohe Haus sicherlich wie eine Säule würde erschienen sein, wenn die Nachbarhäuser es nicht eingeschlossen hätten. Es machte sogar den Eindruck, daß es ohne die nachbarlichen Stützen einfallen müsse.

Die beiden Fenster des Erdgeschoßes zeichneten sich durch Sauberkeit vor den übrigen aus; man konnte von ihnen

sagen, daß sie ein nobles Ansehen hatten. Die Glasscheiben
glänzten wie Spiegelplatten und die Rahmen waren mit
weißer Oelfarbe gestrichen. Und weiß wie die Rahmen waren
die zusammengeschlagenen Laden, die eine blanke Messingkette
festhielt. Zwischen der Thür und dem Fenster hing ein lan=
ger, schmaler Glaskasten, in dem Muster von feinen Putz=
arbeiten zierlich aufgehangen waren. Nacht= und Morgen=
häubchen, Kragen, Manschetten und elegante Damenhüte von
Seide und Stroh bildeten ein reizendes Quodlibet. Zwischen
den saubern Gardinen des Fensters, das dem Aushängkasten
zunächst war, sah man stets den Kopf einer Frau, die emsig
arbeitete. An dem zweiten Fenster prangte das Köpfchen eines
jungen Mädchens, das nicht minder fleißig arbeitete als die
Frau. Zu allen Zeiten des Tages sahen die Vorübergehen=
den die Arbeiterinnen und mancher junge Mann hemmte
seine Schritte, um die reizende Putzmacherin näher zu be=
trachten, die stets eine saubere und geschmackvolle Toilette
gemacht hatte.

Charlotte saß von früh bis spät an ihrem Platze, denn
aus ihren kunstgeübten Händchen gingen die Meisterwerke
hervor, die von den vornehmen und reichen Damen der Stadt
gesucht wurden. Die Mutter lieferte nur die Aushilfsarbeiten
und besorgte die Wirthschaft. Ein blaues Täfelchen unter
dem Aushängkasten kündigte in Goldbuchstaben die Firma
an „Charlotte Wolter.“

Von den beiden Frauen, die seit ungefähr zwei Jahren
ihr Geschäft eröffnet hatten, wußte man nur, daß sie ärmlich
angekommen waren und den scheinbaren Wohlstand ihrem
Fleiße verdankten. Wo sie früher gewohnt und in welchen

Verhältnissen sie gelebt hatten, konnte Niemand sagen. Dafür daß sie nicht gewöhnlicher Herkunft waren, sprach ihr überaus feines Benehmen und die ganze äußere Erscheinung. Die Arbeiten, die sie lieferten, verriethen einen bewunderungswürdigen Geschmack.

Es war nicht länger als ein Jahr her, daß an den Fenstern die Gardinen fehlten und blaue Tapeten die Rouleaux bildeten, die stets zur Hälfte herabgelassen waren, um wenigstens die oberen Scheiben zu verdecken. Den eleganten Kasten sah man seit ungefähr einem halben Jahre.

Wir führen den Leser Mittags gegen zwölf Uhr die Treppe hinan, öffnen die Thür der Säule und betreten eine schmale, aber lange Hausflur, die durch ein Fenster über der Thür ihr Licht erhält. An der reinlichen Thür links befindet sich ein Messingschild, das den Namen der Putzmacherin trägt. Schloß und Drücker sind spiegelblank geputzt. Wir öffnen die Thür und kommen in ein reizendes Stübchen, dessen Wände blaue Tapeten schmücken. Was dem niedern Raume an Breite gebricht, wird durch die Tiefe ersetzt. Die Hauptwand, der Thür gegenüber, wird von einem saubern Glasschranke bedeckt, der die feinsten Damenputzsachen enthält. Ein Vorhang von weiß und blau gestreiftem Kattun trennt das Schlafgemach von dem Wohnzimmer.

An einem Tischchen, das unter dem Spiegel stand, saßen die beiden Frauen, emsig arbeitend.

Der Leser kennt Charlotte, er hat sie in dem Garten des Wirthshauses von Buchau gesehen. Heute trug sie ein hellgrünes Thibetkleid und einen Florkragen, der die weißen

Schultern durchschimmern ließ. Ihr glänzendes, blondes Haar war einfach koiffirt.

Charlotte zählte achtzehn Jahre.

Betrachten wir die Mutter.

Frau Wolter schien kaum vierzig Jahre zu zählen. Sie mochte eine große Schönheit gewesen sein, denn sie war in dem gegenwärtigen Lebensstadium noch schön. Das kohlschwarze Haar trug sie in Locken, die lang an den Wangen herabfielen. Ihr Teint war bleich und kontrastirte auffallend mit dem Schwarz der Haare. Alle ihre Formen waren rein und edel; in ihren Gesichtszügen, man kann es wohl sagen, lag eine imponirende Hoheit, die sich vorzüglich in dem großen intelligenten Auge ausprägte. Ihre Nase hatte einen römischen Schnitt und fein geschweifte Lippen bildeten einen wundervollen Mund.

Die feine Hand war nicht besonders geübt in der Arbeit, man sah, daß die Führung der Nadel ihr Mühe machte. Aber das Geringe, das sie förderte, war gut. Traurig sah die Mutter oft zur Tochter hinüber, die flink und gewandt einen feinen Damenhut der Vollendung näher brachte.

Eine kleine Schwarzwalder Uhr mit glänzendem Zifferblatte schlug zwölf.

„Mit dem Schlage!" rief Charlotte freudig.

„Was?" fragte die Mutter, die aus tiefem Sinnen erwachte.

„Der Hut ist fertig!"

Sie hielt ihn auf der emporgehobenen Hand.

Frau Wolter sah ihn schwermüthig an. Dann lächelte sie und sagte melancholisch:

„Du haft wieder ein Meifterftück geliefert, mein armes Kind!"

„Freuft Du dich nicht, Mutter? Wer in der Stadt macht fchönere Arbeit als wir?"

„Du haft Recht!"

„Unfere Gefchäfte gehen gut."

„Bringe der Dame den Hut."

„Was foll ich fordern, Mutter?"

Die Mutter feufzte.

„Könnte ich doch den Geldpunkt umgehen! Leider ift das Geld zum Leben fo nothwendig als die Luft, die wir einathmen —"

„Mutter, wir können doch nicht umfonft arbeiten!" meinte Charlotte.

Man berechnete die Auslagen und ftellte den Preis feft. Charlotte hatte rafch Toilette gemacht. Da ftand fie in Stroh= hut und leichter Seidenmantille, ein reizendes, wunderholdes Wefen. Wer fie zum erften Male fah, würde fie wahrlich nicht für eine Putzmacherin gehalten haben. Die leidenfchaft= liche Liebe des jungen Georg Rofe war demnach leicht er= klärlich.

„Auf Wiederfehen, liebe Mutter!"

Sie nahm den Karton und fchlüpfte aus dem Haufe.

Jetzt erhob fich Frau Wolter. Eine wahrhaft junonifche Geftalt ftand fie an dem Fenfter und fah der Tochter nach, die leicht wie ein Sylph über die Straße fchwebte. Ein Kleid von fchwarzer Seide fchloß den fchön geformten, immer noch üppigen Körper ein. Es lag eine Nobleffe in der ganzen Haltung der Frau, die fich mit dem Arbeitsftübchen durch=

aus nicht in Einklang bringen ließ. Diese Gestalt mußte sich früher in glänzenden Sälen, in vornehmer Gesellschaft bewegt haben. Die stille Trauer, die sich in dem bleichen Gesichte ausprägte, verlieh ihr ein rührendes Interesse. Ein aufmerksamer Beobachter mußte zu der Ansicht gelangen: Gram und Sorgen haben den Stolz dieser Schönheit gebrochen.

Charlotte war verschwunden.

„Mein Gott, mein Gott!" seufzte die Mutter, „ich kann mich immer noch nicht an dieses Leben gewöhnen! Und ist es um vieles besser geworden — wir haben doch nicht geradezu mit Mangel zu kämpfen. Wie muß die arme Charlotte sich abmühen, und wie gern arbeitet sie, um das Elend fern zu halten. Kann ich es noch lange dulden? Darf ich es dulden? Ach, es gibt doch noch größeres Elend als die Armuth! O, könnte ich mich rächen, furchtbar rächen! Man hat mich zu unwürdig behandelt — und mitleidslos überläßt man mich meinem Schicksale! Jahre sind vergangen, seit ich verstoßen ward!"

Eine Art Trotz malte sich in den bleichen Zügen, als die Putzmacherin flüsterte:

„Ich beuge mich nicht; ehe ich ein Haar breit nachgebe, will ich in den Verhältnissen verkümmern, in die mich der Verrath geworfen."

Sie trat hinter den Vorhang, der das Zimmer theilte. Als sie zurückkam, hatte sie eine blendend weiße Schürze über das Seidenkleid gebunden. So ging sie in die Küche, die sich hinten im Hause befand. Das einfache Mahl war rasch bereitet — es bedurfte ja nur des Aufwärmens der Speisen, die von dem gestrigen Tage übrig geblieben.

Frau Wolter hatte den Tisch gedeckt, der in der Mitte des Zimmers stand. Das Tischtuch, obwohl aus Baumwolle gefertigt, war schneeweiß. Die beiden Servietten staken in sauber gestickten Bändern. Die Zinnlöffel und die Messer und Gabeln von Stahl glänzten wie Silber. Eine Krystallkaraffe enthielt frisches Wasser. Das Tischchen sah recht einladend aus. Und dazu die saubere, helle Umgebung der Putzsachen, die wohlgeordnet an ihren Plätzchen lagen und hingen.

Die Uhr schlug Eins.

Charlotte kam immer noch nicht zurück. Um ein Uhr mußte das Essen vollendet sein, die Arbeit wieder begonnen werden.

„Die Dame wird Charlotten aufgehalten haben!" dachte die Mutter. „Vielleicht hat der Rechnungsabschluß Differenzen ergeben oder der Hut gefällt nicht. Es ist ärgerlich, daß man von den Launen fremder Leute abhängt. Und ich kann nichts thun, als mich fügen!"

Sie kämpfte gewaltsam das bittere Gefühl nieder, das dieser Gedanke anregte.

Sinnend trat sie zum Fenster und sah in die Straße. Da stand Charlotte, freundlich plaudernd mit einem jungen Manne, dessen Gesicht vor Seligkeit glühte. Jetzt zog er den Hut, reichte ihr die Hand und entfernte sich langsam, während er Charlotten, die leicht die Treppe hinansprang, nachsah.

„Was ist das? Man wagt es, meine Tochter auf der Straße anzureden?"

Noch hatte sie sich von ihrem Erstaunen nicht erholt, als Charlotte eintrat. Sie erröthete, denn sie las in den

Zügen der Mutter, daß diese die Unterredung mit Georg bemerkt hatte.

„Hier ist Geld, Mutter!"

„Lege es in die Kasse."

Charlotte that es. Dann ging sie hinter den Vorhang und kam ohne Hut und Mantille zurück.

„Wer war der junge Mann?" fragte Frau Wolter ernst, die ihren Platz am Fenster nicht verlassen hatte.

Die Frage kam der Tochter nicht ungelegen; sie hatte ja längst der Mutter ihr Herzensgeheimniß mittheilen wollen, damit der Geliebte Zutritt in das Haus erhielte. Aber so oft sie auch die Einleitung dazu gemacht, das Wort war ihr stets auf der Zunge erstorben. Jetzt konnte sie nicht ausweichen, und sie wollte es auch nicht.

„Ein Kaufmann, Mutter!"

„Was hat er Dir gesagt?"

„Daß er mich lieb hat!"

„Charlotte!" rief Frau Wolter erschreckt.

„Er hat es mir geschworen!" fügte sie naiv hinzu. „Und Georg Rose schwört nicht falsch; er ist als ein braver Mensch bekannt und geachtet."

„Das weißt Du? Demnach kennst Du ihn schon lange —"

„Ich habe ihn bei meiner Freundin Emilie kennen gelernt — bei Gelegenheit der Ausflüge auf das Land. Mutter, laß es mich Dir gestehen — ich habe Georg herzlich lieb!"

Sie warf sich der Mutter an die Brust und schlang beide Arme um den Hals derselben.

„Haft Du mir nicht oft erzählt," flüsterte Charlotte, „daß es für ein Mädchen nichts Schrecklicheres auf der Welt gebe, als den Gefühlen des Herzens nicht nachhängen zu können?"

„Unklugerweise, ja, mein Kind!"

„Du wirst mich also nicht zwingen wollen —"

„Habe ich Dir nicht auch gesagt, daß die Männer alle treulos sind?"

Charlotte trat zurück.

„Ja, Mutter, das haft Du mir gesagt."

„Und ich habe die Erfahrung für mich."

„Mag sein; aber es gibt keine Regel ohne Ausnahme, und Georg Rose ist eine Ausnahme. Für den, Mutter, stehe ich ein. Er spricht wie er denkt und handelt wie er spricht. Man hat ihm ein reiches Mädchen zugedacht; aber er schlägt die Partie aus, weil er mich liebt. Sieh', Mütterchen, ich will kein Geheimniß vor Dir haben — es hat mir längst das Herz abgedrückt — ich fühlte mich so glücklich, und Du konntest Dich nicht mit mir freuen, die Du stets auf mein Glück bedacht bist — ich weiß nicht, wie ich es nennen soll, was mich abhielt, Dir ein offenes Geständniß abzulegen — ach, ich segne den Zufall, der mir zu Hülfe gekommen ist!"

„Charlotte," sagte ernst die Mutter, „sträflicher noch als Deine Liaison ist die Handlungsweise, die Du beobachtet haft! Ich nenne das einen Betrug —"

„Mutter, um Gotteswillen!"

„Du haft mir sonst Alles erzählt, was Dir auf den Spaziergängen, die ich Dir hätte verweigern sollen, begegnet

— daß auch junge Männer in der Gesellschaft seien, hast Du mir verschwiegen."

Charlotte stand wie eine Sünderin vor der zürnenden Mutter; ihr feines Gesicht war von einer flammenden Röthe bedeckt, die sich bis zu der Alabasterstirn fortsetzte.

„Du hast Recht, Mutter!" flüsterte sie mit zuckenden Lippen. „Ich hätte Dir nichts verschweigen, hätte Dir die geringste Kleinigkeit mittheilen sollen. In meinem Kopfe sah es wunderlich aus; ich mußte alle meine Kraft zusammenfassen, um Dir ein heiteres Gesicht zu zeigen. Ja, das mußte ich! Der Gedanke, die Mutter erfährt es ja bald, tröstete mich — ich wollte Dir ja nichts verschweigen; aber ich konnte nicht sprechen — ich wußte nicht, wie ich es anfangen sollte — und Georg drang in mich, so oft er mich sah — Mutter, habe ich eine Sünde begangen, so verzeihe mir — ich habe nicht anders gekonnt!"

Sie weinte laut. Das weiße Tuch, daß sie in der Hand hielt, war bald von Thränen durchnäßt. Frau Wolter wiegte schmerzlich das Haupt; sie mochte sich wohl einer Zeit erinnern, in der sie ähnliche Geheimnisse der Welt verborgen gehalten hatte. Gibt es wohl eine Sterbliche, die mit der armen Charlotte nicht in gleicher Lage gewesen?

„Beruhige Dich," sagte die Mutter, die Mitleid empfand, „wir werden später über die Angelegenheit sprechen."

Dann ging sie in die Küche.

Charlotte preßte die kleinen Hände auf den Busen, indem sie flüsterte:

„Die Mutter ist gut, sie wird mein Glück nicht zerstören wollen. Und Georg ist ein Mann, den sie liebgewinnen muß. Ich kann nicht von ihm lassen, bände mich auch nicht der heiligste Eid an ihn."

Auch Frau Wolter dachte über die Herzensgeschichte nach. —

„Die erste Liebe!" flüsterte sie vor sich hin. „Sie bringt die höchste Seligkeit im Menschenleben — aber auch den tiefsten Jammer, wenn sie zerstört wird. Ach, die erste Liebe!"

Die Erinnerung erpreßte ihren Augen Thränen.

Das einfache Mittagsmahl ward schweigend eingenommen. Eine Aufwärterin kam, um die Küche in Ordnung zu bringen, ein Geschäft, daß Frau Wolter seit dem Eintritte der besseren Verhältnisse besorgen ließ.

„Zürnst Du mir, liebe Mutter?" fragte die Tochter, als Beide sich allein befanden.

Sie schmiegte sich zärtlich ihr an.

„Ich möchte Dir zürnen, mein Kind, daß Dein Herz nicht mir allein mehr gehört."

„O, ich trenne mich nicht von Dir! Wir Alle werden beisammen bleiben. Aber sprich Dich doch aus, Mutter!"

„Nur dann, wenn ich Deinen Georg kennen gelernt habe."

„So darf er kommen?"

„Führe ihn mir zu."

Charlotte sank zu den Füßen der gütigen Mutter nieder.

„Da haben wir's!" rief diese unter Thränen lächelnd.

„Was denn, Mutter?" jauchzte Charlotte.

„Antworte offen."

„Gern, Mutter!"

„Wie würdest Du Dich kenommen haben —"

„Wenn Du Georg abgewiesen hätteft?"

„Ja!"

„Ich würde Dir eine gehorsame Tochter gewesen sein und es der Zeit überlassen haben — nein Mutter," fügte Charlotte hastig hinzu, „Du würdest Mitleid mit mir gehabt haben! Nehmen wir doch nicht Dinge an, die geradezu in das Reich der Unmöglichkeit gehören. Und wenn der Vater noch lebte —"

„Still!" gebot ernst die Mutter.

Charlotte erschrak. Sie hätte von dem Vater nicht sprechen sollen. Nachdem sie die Mutter herzlich geküßt, als ob sie das begangene Versehen gut machen wollte, setzte sie sich zur Arbeit. Die ersten Nachmittagsstunden verfloffen. Man sprach nicht mehr von der Liebesangelegenheit. Die Tochter hätte es gern gehabt, wenn die Mutter nähere Aufschlüsse über Georg gefordert hätte; aber diese beobachtete das gewöhnliche Stillschweigen und seufzte von Zeit zu Zeit, als ob sie mit der Arbeit nicht zufrieden sei.

Gegen fünf Uhr kam eine Magd, die Fräulein Wolter zu ihrer Herrschaft beschied.

Charlotte sah fragend die Mutter an.

„Du mußt wohl gehen; die Damen sind unsere befte Kundschaft."

„Fräulein möchte gleich kommen," sagte die Magd. „Meine Herrschaft braucht Trauertoilette."

Die Putzmacherin zögerte nicht; sie begleitete die Magd.

„Trauertoilette!" seufzte Frau Wolter. „Ach, ich möchte sie tragen, so lange ich athme!"

Eine Thräne rann auf die Spitzen, die sie in der Hand hielt. Die Nadel ruhte.

„Welch' ein Tag!" flüsterte die Putzmacherin. „Wie lebhaft erinnert er mich an die schönste, aber auch an die verhängnißvollste Zeit meiner irdischen Wallfahrt! Die erste Liebe, die sich mit Rosen und Veilchen schmückt — und nun bestellt man Trauertoilette! Wenn es ein böses Omen für Charlotten wäre!"

Es klopfte.

Frau Wolter erschrak.

„Wer ist da?"

Die Thür ward geöffnet.

Ein Mann trat ein, der verwundert an der Schwelle stehen blieb.

Die Mutter Charlottens hatte sich erhoben. Bestürzt sah sie den Mann an.

„Was steht zu Diensten, mein Herr?"

„Erkennen Sie mich, gnädige Frau?"

„Reinhardt!"

„Hier, hier muß ich Sie treffen! In einer solchen Umgebung."

Frau Wolter stützte die Hand auf den Arbeitstisch. Es schien, als ob eine Ohnmacht sie anwandelte.

„Ich bringe keine Hiobspost!" sagte Reinhardt lächelnd.

Die gnädige Frau winkte mit der Hand, als ob sie andeuten wolle, daß man ihr einige Augenblicke Ruhe gönnen möge. Der wogende Busen verrieth die ungeheure Erregung, die sich ihrer bemächtigte.

Reinhardt war der Intendant des Fürsten von Sel-

bach, derselbe Mann, der dem armen Albert den Platz ge=
zeigt, auf dem der Fürst einen Pavillon erbauen wollte. Das
Lächeln, das über sein weißes Gesicht glitt, war ein müh=
sam erzwungenes.

Den Andeutungen, die wir bereits über seine Person
gegeben, fügen wir hinzu, daß der Intendant ein Mann von
fünfzig Jahren und schlank gewachsen war. Den Backenbart
und das Haupthaar, beide stark und voll, hatte er schwarz
gefärbt. Sein glatt rasirtes Kinn schimmerte bläulich. Unter
den ebenfalls schwarz gefärbten Brauen, die glatt an der
niedern Stirn lagen, blitzten kleine dunkelbraune Augen. Der
geöffnete hellgraue Sommer=Twin ließ den zugeknöpften schwar=
zen Frack und die schwarzen Pantalons erkennen. Die saubere
weiße Binde, die sich eng an den etwas langen Hals legte,
und ein Ordensbändchen in dem Knopfloche gaben ihm das
Aussehen eines dienstthuenden Kammerherrn.

Frau Wolter hatte den ersten Schrecken überwunden.

„Was wollen Sie?" fragte sie zitternd.

„Gestatten Sie mir, daß ich Ihnen meine Bewunde=
rung ausdrücke — hier arbeitet eine Dame, die berufen ist,
arbeiten zu lassen und zu befehlen! Das ist ein Heroismus
sonder Gleichen. Wahrlich, ich sträube mich das für wahr
und wirklich zu halten, was ich sehe. O, Sie gehen zu weit,
gnädige Frau!"

„Genug!" rief die Dame, die sich stolz emporgerichtet
hatte. „Genug, Sie haben nun zum zweiten Male meinen
Aufenthalt erspäht —"

„Ja, es ist meinen beharrlichen Anstrengungen gelun=

gen. Erblicken Sie darin den Beweis, daß man in gewissen
Kreisen den innigsten Antheil an Ihrem Geschicke nimmt."

„Gegen meinen Willen."

„Leider, leider ist es so! Ihre zarten Finger arbeiten —
um Geld! Ich möchte blutige Thränen weinen."

Der Intendant sah wirklich tief gerührt aus.

„Ich arbeite ja! Ist Arbeit eine Schande?"

„Gehen Sie nicht von diesem Standpunkte aus, gnädige Frau."

„Ich kenne die wahre, die zerschmetternde Schande, mein
Herr — man hat sie mir in reichem Maße zugefügt! Hier
in diesem Stübchen, an dem Arbeitstische, fühle ich mich tau-
sendmal geehrter als in den Prunkgemächern, die mir ein
treuloser Mann geöffnet. Ich hasse ihn nicht, aber ich verachte ihn."

„Gnädige Frau!"

„Den geringen Ertrag meiner Arbeit schlage ich höher
an als ein Nadelgeld, das nach Tausenden zählt."

„Wir werden uns verständigen."

„Ich denke, es ist schon geschehen."

Frau Wolter deutete mit der Hand an, daß die Unterredung zu Ende sei. Der Intendant schien diese Andeutung
nicht verstehen zu wollen.

„Gestatten Sie mir, gnädige Frau, Ihnen die Aufträge
auszurichten, die ich für Sie empfangen habe. Sie kennen
meine Ergebenheit, meine hohe Verehrung — ich würde vielleicht die Forschungen längst eingestellt haben, wenn es mich
nicht drängte, Ihnen jeden Dienst zu leisten, dessen ich fähig

bin — aber auch Alles von Ihnen abzuwenden, was geeignet ist, Ihnen Kummer zu bereiten."

„Mein Gott," rief die Dame überwältigt, „läßt man mir denn keine Ruhe? Stellt man mir denn in feindseliger Absicht nach?"

Der Intendant war näher getreten.

„Ja," sagte er rasch, „Sie haben immer noch Feinde, die Sie hassen und verfolgen."

„Die tief gedemüthigte Frau?"

„Ich bin nicht das Werkzeug der Rache; ich komme, um Ihnen einen wichtigen Dienst zu leisten. Weisen Sie mich nicht ab, Sie werden es bereuen, wenn es zu spät ist. Urtheilen Sie, nachdem Sie mich gehört haben — Ich beschwöre Sie, gnädige Frau, hören Sie mich!"

„Sie haben mir gesagt, daß Sie keine schlechte Nachricht brächten."

„Weil ich Sie nach und nach vorbereiten wollte. O denken Sie an die Zukunft Ihrer Tochter, an sich selbst. Entlassen Sie mich ohne Weiteres, so bin ich außer Stande Ihnen den Dienst zu leisten, der mir am Herzen liegt. Bei dem Heile Ihrer Tochter —"

„Gut, ich will Sie hören!" sagte Frau Wolter. „Meinem Kinde zu Liebe bringe ich jedes Opfer — auch das, Sie anzuhören."

Der Intendant zuckte leicht zusammen. Während er seinen feinen Hut auf den Seitentisch setzte, sah er die schöne Frau mit lüsternen Blicken an. Sein braunes Auge schien Funken zu sprühen, seine mit blauen Handschuhen bekleideten Hände zitterten kaum merklich.

Frau Wolter, die auf ihrem Arbeitsplatze saß, zeigte vornehm auf einen Stuhl. Reinhardt verneigte sich und ließ sich nieder.

„Sie wissen," begann er, „daß ich das volle Vertrauen Sr. Durchlaucht besitze und demnach in Dinge und Verhält= nisse eingeweiht bin, von deren Existenz die Welt keine Ahnung hat. Mißbrauche ich jetzt dieses Vertrauen, so erkennen Sie, daß meine Verehrung für Sie, gnädige Frau, größer ist, als die Ergebenheit für den Herrn, der oft Dienste von mir ver= langte, die ich verabscheute. Ich kann wohl sagen, das Ge= wissen läßt mir keine Ruhe, seit ich weiß, daß ich zu uner= hörten Dingen die Hand geboten, oder richtiger gesagt, die Hand habe bieten müssen. Ich war der Diener meines Herrn, mithin nicht verantwortlich für das, was geschehen. Der Fürst Balduin sah und liebte Sie, Sie, die verwaiste Tochter eines verabschiedeten Militärs."

„Berühren Sie diese Verhältnisse nicht!" rief erschüttert die Dame.

„Ich kann sie nicht übergehen, wie Ihnen sogleich klar werden wird. Zu jener Zeit war ich der vertraute Jäger des jungen Fürsten, der sich Ihnen als einen Forstmann vorstellte. Ich galt für den Freund des Försters Cornelius, der schwor, daß er Sie besitzen müsse, und solle er sein Land darum geben. Leidenschaftlich und romantisch, wie er war, ging er auch hier zu Werke. Charlotte sollte erst nach der Trauung erfahren, wer ihr Gemal eigentlich sei; er wollte nicht seines Ranges, er wollte seiner Person wegen geliebt sein. Die Konvenienzheiraten verachtete er und nannte sie unchristlich und unmoralisch. Ein Fürst sollte nach seiner

Meinung dem Herzen die Wahl der Gattin überlassen, nicht
dem Familienrathe. Ich fand diese Theorien für gut und
förderte die Praxis. So kam die heimliche Trauung zu Stande,
die ein herbeigeholter Landgeistlicher in Ihrem Zimmer, gnä=
dige Frau, vollzog. Ich selbst habe den Pfarrer geneigt ge=
macht, die Ceremonie zu vollziehen; er sandte seinen Adjunk=
ten, da ihn Krankheit an das Bett fesselte! Nun bezogen sie
das einsame Jagdschloß zwischen den Felsen, wo der Fürst
sich Ihnen entdeckte. Verhältnisse machten es nöthig, daß die
kirchlich vollzogene Heirat noch geheim blieb. Balduin kam
gleich darauf zur Regierung, da sein Vater auf der Jagd
verunglückte. Die Gründe, die der regierende Herr hatte, seine
Gattin der Welt nicht vorzuführen, kenne ich nicht; wenig=
stens damals kannte ich sie nicht. Ich mahnte ihn an seine
Pflicht, nachdem sie dem Gemale einen Sohn geschenkt. Das
war ihm lästig. Um sich meiner zu entledigen, bediente er sich
des schrecklichen Vorwandes, ich sei von seiner Gemalin be=
günstigt, während er in der Residenz seinen Amtsgeschäften
oblag. Fortschicken konnte man mich nicht, des Geheimnisses
wegen; so nahm mich der Bruder des Fürsten in seine Dienste.
Ich bewahrte so lange mein Geheimniß, bis Balduin sich
mit einer ebenbürtigen Dame vermälte, mit der Prinzeß Be=
nigna. Ich verrieth meinem neuen Herrn, was ich wußte.
Der Herr lächelte, rieth mir zu schweigen und machte mich
zum Intendanten. Er meinte, Balduin müsse von seiner bür=
gerlichen Gattin geschieden werden, wenn es nöthig wäre. —
Ich begriff die Ruhe dieser Herren nicht, die eine Doppel=
ehe für nichts hielten. Nach langer Zeit erfuhr ich, daß Sie,
gnädige Frau, das Jagdschloß heimlich verlassen hätten;

wohin Sie sich gewendet, wisse Niemand. Der Fürst trat
um jene Zeit eine große Reise an, um sich in der Skulptur,
die er mit großer Leidenschaft betrieb, zu vervollkommnen.
Er besuchte die Schweiz, Frankreich, Italien, Spanien und
Griechenland. Die Reise hatte ihm heilsame Zerstreuungen
bereitet; als er zurückkam, gedachte er seiner Charlotte nicht
mehr. Ich sah ihn bei Gelegenheit einer Jagd; er drückte
mir die Hand, als wollte er sagen: wir haben manchen tol=
len Streich verübt. Das kränkte mich; ich faßte Muth und
fragte den gnädigen Herrn nach Charlotten. Er antwortete,
daß er mir zu Danke verpflichtet sei."

„Wofür? fragte ich verwundert."

„Dafür, daß Deine List eine meiner größten Tollheiten
vereitelt hat."

„Was nennen sie Tollheit?"

„Die Trauung mit Charlotten."

„Ich begreife Sie nicht, gnädiger Herr."

„Gestehe es nur, Du hast den verkleideten Pfaffen
gesendet."

„Er ließ mich, den Bestürzten, stehen. Wie sollte ich
diese Worte deuten? Ich wandte mich an meinen Herrn und
von ihm erfuhr ich, daß man uns wirklich mit Hilfe des
Pfarrers getäuscht hatte. Die Familie wollte um jeden Preis
eine Mesalliance verhindern, und da sie die Hartnäckigkeit
Balduins kannte, griff man zur List, um das Aufsehen zu
vermeiden, das damals sehr unangenehme Folgen gehabt ha=
ben würde. Auch ich war betrogen, der ich ein gutes Werk
zu vollbringen gewähnt hatte."

Frau Wolter war leichenblaß geworden.

„Ich bin nicht wirklich mit dem Fürsten getraut?" stammelte sie.

„Ja!"

„Mein Gott, wie ist mir denn?"

„Den Bund, den die Kirche geheiligt, kann man nicht ohne Weiteres lösen. — Erinnern Sie sich verschiedener Einzelnheiten, die die Täuschung andeuten. Sie haben es verschmäht, mit Ihren Ansprüchen hervorzutreten — hätten Sie Schritte unternommen, man würde Ihnen von einem Fastnachtsscherze, von einem Mummenschanze erzählt haben, den ein vornehmer Herr sich mit Ihnen erlaubt. Sie blieben verschwunden, Niemand kannte Ihren Aufenthalt und somit war ein Arrangement mit Ihnen unmöglich.

„Um mich zu rechtfertigen, habe ich es übernommen, Ihnen die traurige Nachricht zu überbringen, denn ich sagte mir, daß nach der Lage der Dinge Sie schließen mußten: ich sei der Anstifter des heillosen Betruges. Als der Zufall mich Ihnen das erste Mal entgegenführte, wiesen Sie mich barsch ab, gestatteten mir keine Erklärung und verschwanden spurlos. Seit jenem Auftritte habe ich eine qualvolle Zeit erlebt. — Ihr Schicksal lag mir am Herzen — denken Sie sich meinen freudigen Schrecken, als ich Sie gestern an diesem Fenster sah! Ich würde mich Ihnen sofort vorgestellt haben, wenn ich nicht in Begleitung meines Herrn durch die Straße gegangen wäre, dem ich natürlich meine Entdeckung verschwieg.

Die arme Frau hatte kalt und regungslos zugehört.

„Auch das noch!" flüsterte sie. „Ich wundere mich über Nichts mehr — ein reicher Mann kann seine arme Braut mit Füßen treten, ohne fürchten zu müssen, daß eine Strafe ihn ereilt. Mit den heiligsten Gefühlen der Menschenbrust treiben die Vornehmen ihren Frevel!"

Sie starrte auf einen kleinen Ring, den sie am Finger trug. Es war der Trauring.

Plötzlich fuhr sie auf; ein anderer Geist schien über sie gekommen zu sein.

„Ich will den Leidenskelch bis auf den Grund leeren!" sagte sie entschlossen. „Der Gedanke, an den sich meine Seele geklammert, ist Illusion gewesen — so habe ich bis jetzt doch eine Wohlthat genossen, für die ich dem Spender danke. Sie ist mir nun entrissen. Ich will Ihnen glauben, gewiß, ich will Ihnen glauben!"

Sie machte einen Gang durch das Zimmer. Es mochte ihr doch wohl nicht so leicht werden die Erregung niederzukämpfen, die sich ihrer bemächtigt hatte.

Der Intendant folgte ihr mit stechenden Blicken. Der Beobachter hätte seine Gedanken errathen können — er war lüstern nach der immer noch schönen Frau. Wie üppig und elastisch war ihr Wuchs, wie glänzte die feine weiße Haut des edlen Gesichts, des schlanken Halses, der runden Schultern, der vollen Arme, die wie Schnee in der schwarzen Seide lagen. Eine Fülle dunklen Haares schmückte den schönsten Frauenkopf, den nur die Phantasie eines Malers erschaffen kann.

Frau Wolter hatte ihren Platz eingenommen.

„Habe ich recht gehört, mein Herr, so sprachen Sie von einem Arrangement — ist es so?"

„Es ist so, gnädige Frau."

„Die Nothwendigkeit eines solchen kann mir zwar nicht einleuchten —"

„Und doch, und doch!" rief der Intendant hastig.

„Bin ich nicht abgefunden?"

„Fassen Sie die Angelegenheit anders auf."

„Habe ich überhaupt Ansprüche, da ich nicht die legitime Gattin des Fürsten gewesen bin? Ihre Nachricht, mein Herr, hat mir einen dunklen Punkt aufgeklärt: den Charakter dessen, dem ich mein Unglück verdanke. Bis jetzt habe ich über die Doppelehe des hohen Herrn geschwiegen, weil ich ihn schonen wollte — nun aber habe ich kein Recht zu sprechen."

„O, Sie haben das gegründetste Recht!"

„Nennen Sie es."

„Die Umgebung des Fürsten hat einen schmählichen Betrug verübt, hat an einem heiligen Akte gefrevelt —"

„Die Umgebung — trägt der Fürst die Schuld?"

Reinhardt zuckte mit den Achseln.

„Leider bin ich selbst Einer der Betrogenen, gnädige Frau, und könte Ihnen als Zeuge zur Seite stehen, wenn Sie auf Untersuchung und Bestrafung der Frevler antragen."

„Nie! Nie!"

„Man fürchtet Ihre gerechte Indignation."

„O, mein Gott!"

„Denken Sie an Ihre gekränkte Ehre, an die Zukunft Ihrer Tochter."

„Mein Herr, wollen sie mich zu einer Anklage bereden?" fragte Frau Wolter erstaunt.

„Sie haben, gnädige Frau, keine Rücksicht auf die zu

nehmen, von denen sie schonungslos behandelt sind. Ich spre=
che es aus, da eine Untersuchung auch mich rechtfertigen
wird. Und Ihnen gegenüber gerechtfertigt zu sein, ist mein
heißester Wunsch, dessen Befriedigung ich gern mit dem Ver=
luste meiner vortheilhaften Stellung bezahle. Ich achte, ich
schätze Sie zu hoch, gnädige Frau — Ihr Schicksal hat
mich Tag und Nacht beschäftigt — betrachten Sie mich als
den wahren Freund in der Noth —"

Er wollte die Hand der Dame ergreifen.

Sie zog sie durch eine dem Anscheine nach unwillkür=
liche Bewegung zurück.

„Ist das der Vorschlag?"

„Nein."

„Wie will man sich mit mir arrangiren? Ich muß
Alles, Alles wissen."

Der Intendant betrachtete seine zarten Handschuhe.

„Wollen Sie mich der Pein nicht überheben —"

„Sagen Sie Alles!" rief Frau Wolter fest befehlend.

Reinhardt überlegte einige Augenblicke.

„Gut, ich will es!"

„Schonen Sie mich nicht."

„Und wäre es auch nur, um Ihnen die ganze Gehäs=
sigkeit Ihrer Feinde zu zeigen — denn Sie haben immer
noch Feinde."

„Zur Sache, zur Sache denn! Was fordert man von
mir?"

Reinhard antwortete zögernd und verlegen:

„Sie unterzeichnen eine Schrift, in der Sie bekennen,

daß Sie nie in irgend einem Verhältnisse mit dem Fürsten gestanden haben —"

„Wirklich? Wirklich?" rief die Dame mit Bitterkeit.

„Sie bekennen ferner —"

Der Intendant stockte.

„Fahren Sie doch fort!" sagte Frau Wolter mit zuckenden Lippen.

„Ich kann es kaum aussprechen. O, gnädige Frau — ersparen Sie sich und mir die Pein! Die kalten, herzlosen Leute wissen nicht zu beurtheilen, wie das Herz einer schwer gekränkten Dame —"

„O, mich überrascht, mich erschreckt nichts mehr!"

„Sie bekennen, eine von Ihnen zu bestimmende Summe empfangen zu haben und einen Wohnort zu wählen, der mindestens zwanzig Meilen von den Grenzen des Fürstenthums entfernt ist. O, ich lese es in Ihren Zügen, daß Sie sich tief verletzt fühlen — hätte ich doch geschwiegen!"

„Nein, ich danke Ihnen für die Offenherzigkeit."

„Sie haben es gewollt —"

„Was geschieht," unterbrach ihn die Dame, „wenn ich die Anträge abweise?"

„Dann wird man voraussetzen, daß Sie eine gelegene Zeit abwarten, um irgend einen Angriff auszuführen, der die fürstliche Familie kompromittirt."

Frau Wolter hatte sich erhoben.

„Sagen Sie denen," rief sie stolz und würdevoll, „die Sie gesandt haben, daß ich es verschmähe, irgend einen Anspruch zu erheben. Von der Arbeit meiner Hände will ich leben — das Geld, das meine Schande bezahlt, weise ich zurück und zählte es nach Millionen. O, mein Gott, es wird mir schwer zu denken — aber doch werfe ich die Frage auf: warum will man mich abfinden, wenn ich keine rechtlichen Ansprüche zu erheben habe?"

„Auch das will ich aussprechen: Aus Mitleid!"

„Gut, recht gut! Ist das der Wille des Fürsten?"

„Er ist's!"

„Bringen Sie ihm meine Antwort!"

Die arme Frau konnte ihre Fassung nicht bewahren; ein Strom von Thränen rann über ihre bleichen Wangen. Schwankend lehnte sie sich an den Arbeitstisch.

Der Intendant flüsterte ihr mit bewegter Stimme zu:

„Fassen Sie sich, gnädige Frau! Ich beschwöre Sie, vertrauen Sie sich meinem Schutze an — Sie werden des Schutzes bedürfen."

„Gegen wen?"

„Gegen Ihre Feinde, gegen das Schicksal! Sie kennen mich lange —"

„Ich traue keinem Menschen mehr! Lassen Sie mich allein den Weg durch das Leben wandern."

„Wohlan, so muß ich darthun, daß ich der Einzige bin, der Ihr Vertrauen verdient. Fesseln Sie Ihr Geschick an das meinige — treten Sie mit mir vor den Altar, daß der Priester uns für ewig verbinde. Die Vergangenheit liegt abgeschlossen hinter Ihnen; eine neue, glückliche Zukunft wird Ihnen erblühen."

„Mein Herr! Mein Herr!"

„Sie werden über ein großes Vermögen, über meine Person gebieten — Ihre Tochter wird die meinige sein —

6*

Ich bin der Besitzer der großen Zuckerfabrik, die in der Nähe dieser Stadt liegt — Charlotte, gestatten Sie mir, daß ich Sie so nenne — Charlotte, ich habe Sie längst geliebt! Wären Sie glücklich in Ihrer ersten Liebe gewesen, ich hätte geschwiegen, würde meinen Schmerz in der Brust verschlossen haben — denn Ihr Glück ist ja auch das meinige — jetzt, da Sie unglücklich sind, da man selbst Ihre Ehre anzutasten sucht, jetzt erhebe ich meine Stimme und beschwöre Sie: beglücken Sie mich durch Ihre Hand! Kann treue Liebe und Sorgfalt die Zeit des Jammers vergessen machen, so werden Sie bald mit Stolz und Verachtung auf die blicken, die mit Ihrem Herzen ein schändliches Spiel getrieben.“

Starren Blickes hatte die Dame den Bewerber angesehen.

„Sie begehren mich, mich zur Frau?“

„Weil ich Sie innig liebe, weil ich Sie lange geliebt habe! Nicht der leichtfertige Jüngling spricht zu Ihnen; nein, der gereifte Mann, der mit sich und seinem Herzen zu Rathe gegangen, der weiß, was er fordert und bietet — Charlotte, erhören Sie mich!“

Der bleiche Intendant ließ sich auf ein Knie nieder.

„Um Gotteswillen, stehen Sie auf!“ rief die Dame erschreckt. „Ich kann Sie nicht länger anhören — die Maitresse eines Fürsten, die Putzmacherin — haben Sie auch recht bedacht, wer ich bin? Sie sind nicht mit sich zu Rathe gegangen — O, ich fühle, wie hoch mich Ihr Antrag ehrt, — aber ich muß ihn zurückweisen.“

„Was zwingt Sie? Es gibt kein lästiges Band —“

„Meine Grundsätze! Lassen Sie mich allein den Weg durch das Leben wandern; ich würde Ihnen das nicht sein können, was Sie fordern — eine Gattin in der edlen Bedeutung des Worts. Nach den Erfahrungen, die ich gemacht, kann ich nicht mehr lieben. Sie haben mich glücklich gesehen, Sie haben die Schwüre des Mannes gehört, an dem meine ganze Seele hing — und er' war ein Verräther an dem armen Mädchen, das für ihn in den Tod gegangen wäre. Ja, es ist in den Tod gegangen, denn ohne Ehre leben ist der Tod. Ich kann nie, nie einem Manne die Hand reichen!"

Reinhardt erhob sich.

Mit lüsternen Blicken betrachtete er die schöne Frau deren Gesicht die Aufregung leicht geröthet hatte. Durch den Widerstand gereizt, ward er beharrlich.

„Entlassen Sie mich so nicht," bat er zitternd. „Der leichtfertige Knabe vergißt eine verschmähte Liebe, er sucht Entschädigung bei anderen Frauen — der ernste, feste Mann kann es nicht —"

„Auch ich bin eine ernste Frau!" rief Charlotte stolz. „Armuth und Elend können mich nicht zwingen, eine Verbindung einzugehen, von der ich eine Befriedigung für mein Herz nicht erwarte. Der Drohung, Herr Intendant, die in Ihren Worten liegt, spotte ich! Der Mann, der eine schutzlose Frau angreift, ist —"

„Sprechen Sie es aus, gnädige Frau!"

„Ein Mensch, der den Namen „Mann" nicht verdient."

Der Intendant lächelte wie ein Satyr.

„Sie haben Recht," murmelte er. „Ich zähle nicht zu

den Menschen, die arme Frauen verfolgen — bin ich nicht gekommen, um mich Ihnen ganz zu ergeben?"

„Laffen Sie mich unbeachtet!"

„O, könnte ich es! Daß ich Sie heute gesehen, vermehrt mein Unglück! Gnädige Frau, erbarmen Sie sich meiner!"

Er bat wirklich in einem Tone, der Unglück verrieth.

Ein Widerwille mochte die arme Frau durchschauern.

„Ich kann nicht! Ich will nicht!" rief sie entschloffen.

„Sie wollen nicht — das ist das rechte Wort."

„Verzeihen Sie meiner Offenheit; es ist gut, daß wir zum Abschluffe gelangen."

Eine eisige Kälte lag auf dem weißen Gesicht des Intendanten.

„Sie verwandeln muthwillig meine Liebe in ein bitteres Gefühl — das ist nicht wohlgethan. Verfolgen werde ich Sie nicht; aber ich kann Sie auch nicht schützen."

„Gegen wen?"

„Denken Sie an den Knaben."

„Mein Herr!" stammelte die arme Frau. „Es bedarf Ihrer Worte nicht, um eine Erinnerung wach zu rufen, die stets lebendig in mir ist."

„Der Knabe ist auf räthselhafte Weise aus dem Bette verschwunden —"

„Zu meinem Entsetzen."

„Man hat bisher den Verdacht unterdrückt —"

„Welchen Verdacht?"

„Daß ein Verbrechen verübt worden —"

„Und nun?"

„Ich halte es für meine Pflicht, offen zu sein.“

„Sprechen Sie doch!“

Reinhardt hatte seinen Hut genommen und trat der Dame näher.

„Es gibt einen Mann,“ flüsterte er ganz leise, „der gesehen haben will, daß eine Frau in der Nacht auf den Altan getreten und ein weißes Bündel in die Schlucht geschleudert hat, die am Fuße des Jagdschlosses sich öffnet. Am folgenden Morgen erfüllte Geschrei das Haus — der zarte Knabe, die einzige Freude seines Vaters, war verschwunden. Der Mann hat auch die Frau erkannt — er würde von dem schrecklichen Geheimnisse gesprochen haben, wenn der Fürst, der sich seiner vermeintlichen Gattin wieder zuwandte, nicht Jeden niedergeschmettert hätte, der über diese ein böses Wort äußerte. Und warum hatte die Frau den Mord verübt? Weil sie sich an dem Gemal, den sie damals schon für treulos hielt, rächen wollte. Spätere wichtige Ereignisse brachten die schreckliche That in Vergessenheit und man blieb bei dem Glauben, der Knabe sei gestohlen. Da fand die wirkliche Vermählung des Fürsten statt — soll ich mehr sagen, gnädige Frau? Bringen Sie den Zeugen zum Schweigen — Ihr Gatte wird Sie nicht anklagen. Aber die Leidenschaft, verschmähte Liebe wird auftreten — sie handelt blind, nimmt keine Rücksicht, und müßte sie sich selbst verderben. Fragt die Gerechtigkeit darnach, ob die Mutter aus Verzweiflung zur Verbrecherin geworden? Sie erwägt kalt die That und verhängt die Strafe. Gnädige Frau, Sie kennen den Mann, in dessen Hand Ihr Geschick liegt — fesseln Sie ihn, fesseln Sie ihn durch Ihre Gunst; er wird

Ihnen ein gehorsamer Sklave und ein treuergebener Gatte sein. Ich komme wieder, um mir den Entschluß zu holen, den Sie nach reiflicher Ueberlegung werden gefaßt haben."

Der Intendant verneigte sich und ging bis zur Thür. Hier blieb er stehen. Als er sah, daß Frau Wolter, die Hände gefaltet und die Blicke gen Himmel gehoben, neben dem Arbeitstische stand, kehrte er noch einmal zurück.

„Ich muß Ihnen Alles sagen," flüsterte er, „damit Sie Ihre Situation klar erkennen. Bleiben Sie allein, so wird man Sie vernichten, und es gibt eine mächtige Partei, die darnach strebt, die Geliebte des Fürsten zu beseitigen. Ja, sie hat einen triftigen Grund dazu. Stehe ich Ihnen zur Seite, so zerschellen die Angriffe wie Rohr auf einem Panzer. Die Gattin des Intendanten Reinhardt wird alle Feinde besiegen. Charlotte, meine Liebe zu Ihnen ist eine verzehrende Leidenschaft geworden — vergessen Sie, was ich so eben gesprochen habe! O, weisen Sie mich nicht zurück — ich werde nicht nur Ihr Gemal, ich werde Ihr Diener sein!"

Die Dame wich bestürzt zurück.

„Berühren Sie mich nicht!" rief sie ängstlich.

„O, Charlotte!"

„Ich kann Ihnen jetzt schon sagen, daß ich Sie tief verachte! Ihrer Drohungen spotte ich, denn mein Herz ist rein von jeder Schuld. Nähern Sie sich mir nie wieder!"

Reinhardt biß die schmalen Lippen zusammen.

„Reizen Sie mich nicht!" flüsterte er nach einer Pause. „Ich kann nur lieben oder hassen!"

„So hassen Sie mich!"

„Sie sprechen unbedacht!"

„Ich werde stolz sein auf Ihren Haß!"

„Und wer schützt Sie?"

„Gottes Hand. Ihre Nähe macht mich schaudern. So
oft ich Sie früher gesehen, so oft flüsterte mir eine ahnende
Stimme zu: Dieser Mann wird Dir Unheil bringen, wird
Dein Leben vergiften. Gehen Sie, gehen Sie! Ich hoffe,
wir haben uns heute zum letzten Male gesehen."

Sie sank, von der übergroßen Aufregung erschöpft, auf
den Arbeitsstuhl.

Eine eisige Kälte lag auf dem weißen Gesicht des
Intendanten.

„Ich gehe," sagte er zeremoniell. „Da ich keinen Grund
habe, die Bestrebungen Ihrer Feinde zu hemmen, so werde
ich unthätig bleiben. Sie werden mich schon finden, wenn
Sie mich suchen. Denken Sie daran, daß Reinhardt Ihre
letzte Zuflucht bleibt. Ich handle nur dann, wenn Sie mich
dazu auffordern."

Er verneigte sich noch einmal und ging.

„Was ist das? Was ist das?" flüsterte weinend Frau
Wolter. „Ich bleibe dabei, Tücke und Bosheit haben mich
von Balduin getrennt. Ach, und ich liebe ihn noch; ich
werde nie gegen ihn auftreten, werde nie sein Glück vernich=
ten, wenn er glücklich ist. Jener ist der Teufel, der um
Geld Jammer und Eleno schafft. — Er lügt, er lügt!"
rief sie schaudernd. „Einen Kindesmord will er auf mich
wälzen — und er selbst hat entweder meinen Sohn gestoh=
len oder — Gott im Himmel, habe Erbarmen — ich kann

den grauenvollen Gedanken nicht fassen! Soll ich denn nie
zur Ruhe kommen?"

Sie verhüllte das Gesicht und weinte lange; dann flüsterte sie:

„Ein falscher Priester soll uns getraut haben, — immerhin, mein Lebensglück ist vernichtet. Ach, meine Feinde
wählen ein trauriges Mittel, um mich abzuschrecken. Es ist
unnütz, daß sie auf neue Intriguen sinnen — der Drohungen achte ich nicht, Unterstützungen verschmähe ich. Ob Balduin um alle diese Dinge weiß? Wehe mir, wenn sie auf
seine Veranlassung geschehen. Ich glaube es nicht, ich will
es nicht glauben!"

Frau Wolter trocknete ihre Thränen und suchte sich zu
fassen. Sie wollte nicht, daß sie von Charlotten bekümmert an-
getroffen wurde. Es gelang ihr. Je ruhiger sie über das soeben Erlebte nachdachte, desto mehr glaubte sie überzeugt
sein zu dürfen, daß der Intendant aus eigenem Antriebe
handle.

Eine Frau kam, um ein Häubchen zu kaufen. Der kleine
Handel zerstreute die Putzmacherin. Freundlich und gefällig
bediente sie die Kundschaft, die, entzückt über die liebenswürdige
Verkäuferin, bald wiederzukommen versprach, da sie noch anderer Toiletten-Gegenstände bedürfe. Endlich kam auch
Charlotte; sie brachte, hoch erfreut, die lohnendsten Aufträge. —

„Den Leuten ist ein reicher Onkel gestorben," erzählte sie.
„Man sieht es ihnen an, daß sie vergebens nach Thränen suchen. Die Töchter wollen die feinste Trauertoilette haben und

die Mutter billigt es. Die theuersten schwarzen Stoffe liegen in den Zimmern ausgebreitet, und die Hüte, die wir zu machen beauftragt, sollen Alles, was bisher gewesen, übertreffen. Auf den Preis kommt es nicht an. Ich habe aus der Handlung mitgebracht, was wir brauchen. Drei Hüte, Mutter. Nun heißt's arbeiten! Als ich ging, brachte man den prachtvollen Sarg; ich hörte von einem Bedienten, daß dieser Sarg, der mit Silber beschlagen war, fünfhundert Thaler koste. Du bist traurig, liebe Mutter?" fragte die Tochter besorgt.

„Ich arbeite nicht. gern an Gegenständen, die zur Trauer bestimmt sind; doch laß das, beginnen wir, da ohne Zweifel die Zeit uns kurz zugemessen ist."

„Morgen Abend sollen die Hüte abgeliefert werden. Uebermorgen Früh findet das Begräbniß statt. O, Mutter, ich werde fertig, die Arbeit geht mir von der Hand. Wir werden ein schönes Stück Geld verdienen."

Ueber der dringenden Beschäftigung vergaß Charlotte die Mutter zu beobachten, die ebenfalls in der Arbeit eine heilsame Zerstreuung fand.

Gegen Mitternacht begaben sich die beiden Putzmacherinnen zur Ruhe, um am nächsten Morgen Früh die Arbeit wieder zu beginnen.

Die arme Louise Gerold hätte gern Trauer angelegt, denn in ihrer Betrübniß wähnte sie, Albert sei für sie verloren. Sie hielt zwei Fälle für möglich: Albert war entweder verunglückt oder er war ihr untreu geworden. In beiden Fällen hatte sie ihn verloren. Ach, wie viel Thränen vergoß

sie in ihrem Stübchen! Wie klein, wie unendlich klein erschienen ihr die Bemühungen der Mutter, die alte Wiprecht
bei guter Laune zu erhalten und sie zur Testirung geneigt
zu machen. Die Nähe des Vaters konnte sie kaum noch ertragen, der mürrische Mann kam ihr vor, als ob er um das
Schicksal Albert's wisse, wohl gar die Hand zur Beseitigung
desselben geboten habe. So mußte sie nach der Unterredung schließen, die der Zimmermann mit dem fremden
Manne gehabt hatte. Beide Annahmen waren ihr fürch-
terlich.

„Untreu! Untreu!" dachte sie erschüttert. „Ist er der
Sohn einer reichen Familie, so wird er die Tochter des Zimmermeisters vergessen. Und doch möchte ich, daß es so wäre —
dann hätte doch mein Vater keine Schuld auf seinem Gewissen
und Albert lebte noch, könnte glücklich sein. Ich gönne ihm
von Herzen alles Glück der Welt! Die Ungewißheit soll mich
nicht abhalten, nach ihm zu forschen — ich lasse es mir
nicht nehmen: hier waltet ein seltsames Geheimniß ob. Mein
Gott, wenn die vornehme Familie selbst ein Interesse daran
hätte, den armen Albert aus der Welt zu schaffen! Wenn er
der Erbe eines großen Vermögens wäre — wenn man
den Vater bestimmt hätte, ihn nach der Fabrik zu
schicken!"

Die Angst ließ ihr nicht Ruhe und Rast. Sie verließ
ihr Stübchen. Es war gegen Abend. Eine Magd sagte ihr,
die Mutter sei bei Frau Wiprecht, die nach ihr geschickt habe.
Louise schlüpfte so durch die Straße, daß sie von dem Nach-
barhause aus nicht gesehen werden konnte.

„Ich bin seit einigen Tagen nicht in dem Garten gewesen," dachte sie, „vielleicht finde ich ein Briefchen in der Weide."

Eine seltsame Ahnung trieb sie rasch vorwärts. Sie kam an dem Zimmerplatze vorbei. Die Arbeiter, die das Tagewerk beschlossen, gingen heim. In größeren und kleineren Gruppen entfernten sie sich nach allen Richtungen. Der armen Louise ward das Herz recht schwer, als sie die fröhlichen Leute sah. „Wäre doch Albert noch unter ihnen!" seufzte sie traurig. „Ach, wie gerne bliebe ich die Braut des armen Zimmermanns!"

Rasch ging sie weiter. Die frische Luft that ihrem glühenden Köpfchen recht wohl. Da lagen rechts und links die Gärten, aus denen fröhlicher Leute Stimmen erklangen. Ganze Familien verbrachten den schönen Abend im Freien. Wie sah es mit den Familienfreuden des Meister Gerold aus? Arme, arme Louise! Konnte nicht auch sie auf diese harmlose Weise sich der Jugend freuen? Die schönste Zeit ihres irdischen Daseins war ihr verbittert. Hätte sie Gewißheit über das Schicksal Alberts gehabt, sie würde alle jene Leute um die Freuden des Sommerabends nicht beneidet haben.

Endlich kam sie bei dem Garten an. Dort war die Thür und dort — die hohle Weide, von der sie Trost und Linderung ihres Schmerzes hoffte. Mit einer Art Zuversicht, von der sie sich keine Rechenschaft geben konnte, erschloß sie die Thür, dann trat sie in den Garten. Wie köstlich dufteten die Blumen in der Abendfrische, wie lieblich sangen noch einige Vögel, die den völligen Untergang der Sonne erwarteten, ehe sie die Nester aufsuchten. Eine feierliche Ruhe lag über den farbigen Beeten, die sonst dem armen Mädchen ein

herzerquickender Anblick gewesen. Heute hatte sie keine Em=
pfänglichkeit für die Schönheiten der Natur; eine peinigende
Angst schnürte ihr die Brust zusammen, sie konnte die Thrä=
nen nicht zurückhalten, die wie Krystalltropfen sich den sei=
digen Wimpern entrangen.

Langsam und gebückt ging sie an dem Zaune hin. Der
graue, knorrige Stamm der Weide, der nur einige grüne
Büsche getrieben hatte, kam ihr gespensterhaft vor. Die schwarze
Oeffnung erschien ihr wie der Rachen eines Ungeheuers.
Schwammige Auswüchse bezeichneten Backen, Nase und Stirn.
Aus der letzten sproß ein Büschel starrer Ruthen empor. Die
Phantasie des Beobachters brauchte eben nicht sehr lebhaft
zu sein, um die Einzelnheiten zu einem Zerrbilde zusammen=
zustellen.

„Ich muß es wagen!" dachte Louise.

Sie erinnerte sich, daß sie dem Baume ein Blatt Pa=
pier anvertraut hatte.

Muthig trat sie näher.

Ein Vogel raschelte aus dem Blätterdickicht des Zaunes
empor.

Louise erschrak.

„Wie thöricht bin ich doch!" dachte sie. „Der zarte
Zeisig jagt mir einen Schrecken ein, daß ich wie ein Blatt
im Winde zittere!"

Das erschreckte Vögelchen saß zwitschernd auf dem na=
hen Baume.

„Wäre es nur nicht so einsam und still! Käme doch
nur ein Mensch vorüber, daß ich nicht ganz allein wäre!"

Aber kein Schritt, kein Laut ließ sich hören. Und die alte Weide zeigte immer dieselbe phantastische Gestalt. Ein leichter Abendwind fuhr säuselnd durch die Blätter. Der armen, unglücklichen Braut war, als ob eine Geisterstimme ihr geheimnißvoll zuflüsterte: „Der, den Du so innig liebst ist todt!"

Nun war es wieder still. Der Lufthauch war erstorben. Hier und dort flog ein Käfer, melancholisch summend, empor. Der Zeisig, der sich auf einem erstorbenen Zweige der Weide niedergelassen, zischelte ängstlich.

„Mir ist, als ob ich mit einem Verstorbenen verkehrte!" dachte Louise. „Man sagt ja, es gäbe Verbindungen zwischen der irdischen Welt und dem Jenseits. Welch ein wunderbares Gefühl beschleicht mich! Albert, Albert, wenn Du todt bist, wenn Dein Geist mich umschwebt, gib mir ein Zeichen, mir, Deinem treuen Mädchen, das Dich bis über das Grab hinaus liebt! Ich stehe allein, es gibt keine Seele, der ich mich anschließen kann —"

Flüsternd wie eine Geisterstimme rauschten die Blätter wieder; aber man sah nicht, daß sie sich bewegten oder auch nur zitterten. Louise fühlte keinen Luftzug, sah nicht die leiseste Bewegung rings in dem schweigenden, duftenden Garten. Kein Vogel sang, kein Käfer summte mehr. Und die Physiognomie der alten Weide schien sich verändert zu haben — sie war nicht mehr so abschreckend, so bizarr. Neben ihr befand sich die Lücke in den dunkelgrünen Blättern. — Dort hatte das schöne, melancholische Gesicht Alberts sich einst gezeigt — war es nicht wieder dort, aber bleich, bleich wie der Tod? Blicken seine Augen nicht traurig nach der Braut, als ob sie sagen wollten: ich bin gestorben! Hüllte nicht ein grauweißes Tuch den sichtbaren Theil seines Körpers ein? Verschwamm jetzt die Gestalt nicht wie ein Schatten im Zwielicht?

Nein, es war doch nur eine Sinnestäuschung.

„Warum zögere ich denn?" flüsterte Louise, sich zusammenraffend. „Ich muß handeln!"

Sie trat dem Baume näher und brachte die kleine Hand in den hohlen Raum.

„Was ist das?"

Erschreckt fuhr sie zurück.

Die Erde kältete wie Eis.

„Das Blatt ist verschwunden! Ich habe es wohl verschoben."

Rasch untersuchte Louise zum zweiten Male.

Sie betastete den ganzen Raum — nirgends fühlte sie ein Blatt Papier.

„Fort! Fort!" rief sie. „Niemand weiß um unser Geheimniß — Albert muß hier gewesen sein; seine Hand hat meine Zeilen genommen. Er lebt!"

Louise hätte aufjauchzen mögen.

Freudig erregt durchsuchte sie noch einmal den Baum; immer stellte sich dasselbe Resultat heraus. Ein Gedanke lähmte die Freude des armen Mädchens: es konnte Jemand sie beobachtet und die Art der Korrespondenz erspäht haben. Sie erinnerte sich des Mannes, der aus dem Kabinette des Vaters gekommen war. Konnte man sie nicht beobachten lassen? Wenn Albert das Papier genommen hätte, würde er

gewiß mit der Antwort nicht gezögert haben, um die trau=
ernde Geliebte zu beruhigen.

„Ich muß Gewißheit haben!" rief Louise. „Hat Albert
das Papier geholt, so befindet er sich in dem Häuschen zu
Buchau. Nein, die Ungewißheit ist zu gräßlich!"

Sie verließ den Garten und schloß die Thür.

Statt nach der Stadt zu gehen, eilte sie in entgegen=
gesetzter Richtung fort; sie dachte nicht daran, daß die Mut=
ter sich über ihr langes Ausbleiben kümmern würde. Es
stand ihr ja die Gewißheit über das Schicksal des Geliebten
in Aussicht. Nach einigen Minuten trat sie aus der Gasse
auf die Fahrstraße. Der Zufall war ihr günstig. Eine
Droschke fuhr langsam der Stadt zu. Sie rief den Kutscher
an, bezeichnete ihm das Ziel und stieg in den Wagen, der
umlenkte, um rasch nach Buchau zu rollen. Zwanzig Minu=
ten später stieg sie aus, ließ den Kutscher warten und eilte
dem Häuschen zu. Es war Dämmerung. Das junge Mäd=
chen, fast athemlos vor Erwartung, öffnete zitternd die kleine
Thür.

„Albert muß zu Hause sein!" dachte sie.

Die Thür des Stübchens stand offen. Else, die Wirth=
schafterin, saß bei der Zinnlampe am Tische und las in der
Bibel. Erschreckt legte sie das heilige Buch nieder, als sie
das Geräusch der Ankommenden hörte. Louise war keines
Wortes mächtig; die Hand auf den wogenden Busen ge=
preßt, stand sie an der Schwelle. Else sprang freudig über=
rascht auf.

„Sie bringen wohl Nachrichten, liebes Fräulein?"

„Nein, nein! Ich glaubte —"

„Was glauben Sie denn? Du lieber Gott, wie Sie aussehen — ach, und wie Sie zittern! Sagen Sie nur, was Sie wissen. — Sie haben etwas erfahren!"

Else führte Fräulein Gerold zu dem großen Lehnstuhle, der am Fenster stand. Es kam bald zu gegenseitigen Erklärungen. Louise erzählte unverholen die Geschichte von der Weide, und Else versicherte, daß sie bis jetzt nicht ein Sterbenswörtchen über Albert erfahren habe. Die Braut weinte, die Wirthschafterin weinte mit, Else war der festen Meinung, daß Albert gewiß nach Hause gekommen wäre, wenn er den Zettel aus der Weide geholt hätte.

Die Dämmerung war der Dunkelheit gewichen. Die beiden Frauen saßen immer noch beisammen. Else erzählte mit tiefer Wehmuth, wie Albert sich schmuck gemacht, die Mappe unter den Arm genommen habe und dann gegangen sei, um nimmer wiederzukehren. Er müsse wohl nicht daran gedacht haben, auszubleiben, denn er habe Alles, Alles zurückgelassen. Und nun zeigte sie der weinenden Louise die Habseligkeiten des Verschwundenen. Der Wandschrank, in welchem er seine Papiere aufbewahrte, war verschlossen.

„Hat er denn gar Nichts gesagt?"

„Nichts!" versicherte Else.

„Hat er denn Nichts hinterlassen? Keinen Brief, keinen Zettel?"

„Nichts! Das ist es ja, was mich so ängstlich macht."

„Ach, ich bin recht unglücklich!" jammerte Louise.

Else wollte trösten.

„Vielleicht," sagte sie, „hat er rasch verreisen müssen, wer kann das wissen. Der fremde Herr hat es immer sehr

eilig gehabt — Albert, ich laſſe es mir nicht nehmen, iſt
vornehmer Leute Kind — warten Sie, warten Sie!"

Da ward draußen die Hausthür geöffnet. Beide Frauen
hörten deutlich das Geräuſch. Zuerſt hatte das Schloß ge=
klirrt, dann hatte ſich die Thür in den Angeln gedreht. ·

„Man kommt!" flüſterte Louiſe erſchreckt.

Nach ihrer Anſicht konnte nur Albert kommen.

„Ich werde nachſehen," ſagte Elſe.

Aber ſie verblieb an ihrem Platze und lauſchte. Wenn
Jemand eingetreten war, ſo mußte er nun über die Hausflur
gehen. Es blieb Alles ſtill. Kein Laut, kein Tritt ließ ſich
vernehmen. Und doch ſtand die Stubenthür offen.

„Sie haben es doch gehört?" fragte Elſe leiſe.

„Sehr deutlich."

„Auch ich."

„Ein Irrthum iſt nicht möglich!" verſicherte Louiſe,
die langſam aufgeſtanden war und eine freudige Ueberra=
ſchung hoffte.

Eine Minute verfloß. Die beiden Frauen ſahen ſich an.
Ihnen war doch ängſtlich zu Muthe.

„Sie wollten nachſehen!" flüſterte Louiſe.

Elſe ſchien ſich zu fürchten.

„Kommen Sie mit!" bat· ſie, indem ſie aufſtand und
die Lampe nahm.

Ihre braune Hand zitterte. Beide lauſchten noch einige
Augenblicke. Tiefe Stille herrſchte in und außer dem Hauſe.
Die Schwarzwälder Uhr pickte in gleichmäßigen Schlägen
fort. Elſe faßte ſich zuerſt; ſie ging langſam zur Thür.
Louiſe folgte. Nun ſtanden ſie auf der Schwelle. Das Licht

der Lampe, die Else in der ausgestreckten Hand hielt, beleuch=
tete die ganze kleine Hausflur. Die Thür, die in das Freie
führte, war fest verschlossen. Es zeigte sich auch sonst keine
Spur davon, daß ein Fremder das Haus betreten hatte. Mit
forschenden Blicken sah Else nach den einzelnen Geräthen;
alle standen an den gewohnten Plätzen.

„Wir müssen uns doch wohl getäuscht haben!" meinte
Louise.

Die Wirthschafterin schüttelte das Haupt.

„Nein, nein! Ich habe zu oft das Oeffnen der Thür
gehört; ich unterscheide genau, wer kommt. Vater Brand griff
anders auf den Drücker als Albert."

„Und Sie glauben —"

„Gerade wie vorhin machte Albert die Thür auf."

Else weinte; sie nahm den Zipfel ihrer Schürze und
trocknete die herabrieselnden Thränen.

Louise zitterte heftig. Sollten sich hier die geheimniß=
vollen Erscheinungen fortsetzen, die bei der Weide begonnen
hatten?

„Hat Albert ein besonderes Zimmer bewohnt?"

„Ja," antwortete Else schluchzend; „in der letzten Zeit,
als der Vater nicht mehr lebte."

„Wo denn?"

„Im Giebel."

„Vielleicht hat er sich hineingeschlichen."

„Nun, wir können ja nachsehen."

Beide stiegen die schmale Treppe hinan. Else betrat
zögernd das Giebelstübchen. Da lag noch Alles, wie es der
Bewohner verlassen hatte. Das Reisbrett mit einem unvol=

lendeten Grundrisse lehnte an der Wand. Darüber befand sich
die kleine sauber gehaltene Bibliothek, meist aus Lehrbüchern
bestehend. An den Wänden hingen Zeichnungen von Städten,
Landschaften und Gebäuden, die Albert verfertigt hatte. Ein=
zelne Kleidungsstücke lagen auf den Stühlen. Man hätte
meinen sollen, der Bewohner sei nur ausgegangen, um gleich
wiederzukommen. Nichts deutete an, daß er sich auf eine län=
gere Abwesenheit vorbereitet. Louise betrachtete alle Gegenstände
mit einer heiligen Scheu; ihr war, als ob der Geist des
Geliebten sie umschwebte.

„Er ist nicht hier!" flüsterte Else. „Gott weiß, ob er
je wiederkommt." Sie gingen in das Stübchen des Erdge=
schosses zurück.

„Ich bleibe dabei," sagte nun Else, „Vater Brand hat
seinen Liebling nachgeholt. Albert war zwar nicht der leib=
liche Sohn des Alten; aber Sie hätten nur sehen sollen, wie
Beide an einander hingen. Was der Eine dem Andern an
den Augen absehen konnte, das that er. Mich wundert nur,
daß Vater Andreas nie gesagt hat, wie er zu dem prächtigen
Jungen gekommen ist und woher er stammt. Er hat zwar
von Papieren gesprochen, ehe er starb; aber dabei ist es ge=
blieben. Ich möchte wetten, daß die alte Wiprecht, dieses
schreckliche Weib, diese boshafte Schwester — Gott verzeihe
mir diese Sünde — mehr weiß, als wir Anderen wissen.
Ach Gott, daß es hier so enden sollte, hätte ich doch nicht
für möglich gehalten. Wer mir das vor einem Jahre gesagt
hätte? Diesen Nachmittag war ich auf dem Friedhofe —
da lag ein schöner Kranz auf dem Grabe, schon halb ver=
welkt, aber immer noch schön. Ich möchte wetten, daß Albert

den Kranz dort niedergelegt hat. Wer anders sollte sich denn um den Zimmergesellen kümmern.“

„Sie meinen,“ fragte die arme Braut, „daß der vornehme Herr ihn nicht abgeholt habe?“

„In diesem Falle hätte mir Albert davon gesagt. Die Nachbarin, die zugleich Todtenfrau ist in unserem Dorfe, weiß davon zu erzählen, daß Verstorbene Menschen nachgeholt haben, die ihnen lieb waren. Und jetzt glaube auch ich daran. Die Beiden haben sich zu lieb gehabt. Wenn man jetzt das Grab des alten Brand öffnete, so würde man ganz gewiß Vater und Sohn in einem Sarge finden. Das hat mir die Nachbarin versichert. Aber es ist eine schwere Sünde, das Grab zu öffnen; man darf die Todten nicht in ihrer Ruhe stören. Ich habe mich schon darein ergeben; noch kurze Zeit will ich hier bleiben, dann aber gehe ich meine Wege. Ach, liebes Fräulein, Sie sind recht zu bedauern, ich sehe es wohl, Sie haben Albert recht lieb. Merken Sie nur auf, daß die Thür vorhin ging, hat etwas zu bedeuten. Ich wollte Ihnen Anfangs nicht Alles sagen; aber warum denn, es kommt ja von selbst.“

Louise gab nicht viel auf das Geschwätz der abergläubischen Bäuerin, sie war zu aufgeklärt, zu gebildet, als daß sie sich derartige Dinge zu Herzen nehmen konnte; sie hoffte vielmehr immer noch, daß ein Familiengeheimniß den Geliebten entfernt habe. In diesem Sinne wollte sie das Gespräch fortsetzen und die Bäuerin ausforschen.

Da ward geklopft.

„Mein Gott!“ rief Else.

Louise schrak heftig zusammen.

„Diesmal haben Sie es doch gehört, Fräulein?"

„Sehr deutlich."

„Warum er nur klopft, die Thür ist ja offen! das galt Ihnen, Mamsell Gerold."

„Warum mir?"

„Albert hat Sie lieb; er hält sich auf in der Nähe des Hauses, wo sie sind."

Louise dachte: „Mir wäre es recht, daß ich stürbe, wenn er nicht mehr am Leben ist!"

Nun klopfte es zum zweiten Male in drei Schlägen.

„Eins! Zwei! Drei!" zählte Else.

Sie faltete die Hände und begann ein Vaterunser zu beten.

Nun ward die Thür geöffnet. Das Schloß erklang, die Angeln kreischten. Else betete immer lauter als sie langsam tappende Schritte auf dem Vorplatze hörte. Der armen Louise war seltsam zu Muthe. Das Unheimliche, das die Erzählung der Bäuerin angefacht, bemächtigte sich ihrer. Die tappenden Schritte erklangen wirklich geisterhaft. Das durch Sehnsucht und Schmerz erschöpfte Mädchen faltete die Hände. Ihr war, als Albert nun eintreten müsse.

„Guten Abend! grüßte die melancholische Stimme eines Mannes, der in der Thür erschien.

„Ach, Gott sei gelobt!" seufzte die Wirthschafterin.

„Kennen Sie mich noch?"

„Ich glaube, gnädiger Herr."

„Sie heißen Else?"

„Ihnen zu dienen, gnädiger Herr."

Der Fremde, den der Leser unter dem Namen Ignaz kennt, trat ein. Er war heute ganz schwarz gekleidet und sein Gesicht war sehr bleich.

„Freuen Sie sich, liebes Fräulein," flüsterte Else ihr zu, „das ist der gnädige Herr; er bringt auf jeden Fall Nachrichten."

Dem armen Mädchen schlug das Herz fieberhaft; es wähnte in diesem vornehmen Herrn den Vater oder mindestens doch einen Verwandten Alberts zu erblicken.

„Wer ist die junge Dame?" fragte Ignaz wohlwollend.

„Fräulein Louise Gerold, gnädiger Herr, die Tochter des reichen Zimmermeisters, bei dem unser Albert lange in Arbeit gestanden hat."

„Ah, Louise! Albert hat stets mit großer Vorliebe von Ihnen gesprochen."

„Gott sei Dank! Sie bringen also Nachricht —"

„Von wem?"

„Nun von Albert."

„Was ist das? Ich suche den jungen Mann hier —"

Else erschrak; mehr aber noch Louise, die sich nun zur Fortsetzung des Gesprächs entschloß.

Sie wollte sondiren, da sie, wie wir wissen, Verdacht in die vornehme Familie setzte. Wie jede Frau, die um den theuersten Schatz ihres Herzens zittert, so hat auch Louise jetzt so viel Muth und Entschlossenheit, die Frage auszusprechen:

„Sie suchen Albert Brand?"

„Ja, mein Kind. Aus dem, was ich gehört, muß ich leider schließen, daß ich den Gesuchten hier nicht treffe, ein Umstand, der mir mehr als unangenehm wäre."

Louise sah den Mann forschend an; sie glaubte einen Zug von Gutmüthigkeit in seinem Gesichte zu finden.

„Gnädiger Herr, Albert ist auf eine räthselhafte Weise verschwunden. Wissen Sie darum, so beruhigen Sie mich — eine Frau und ich, wir sind wohl die Einzigen, denen das Schicksal Alberts am Herzen liegt. Im Namen Gottes beschwöre ich Sie —"

Ignaz war tiefer in das Stübchen getreten.

„Ihre Angst, mein Kind, erfüllt mich mit ernster Besorgniß. Albert ist verschwunden?"

„Ja."

Der gnädige Herr war wirklich bestürzt.

„Ich bitte," sagte er mit zitternder Stimme, „theilen Sie mir mit, was Sie wissen. Mir liegt viel, viel daran!"

Louise war so bewegt, daß sie nicht sprechen konnte. Else übernahm es zu berichten mit der Weitschweifigkeit, die der braven Frau eigen war.

Der fremde Herr war nicht nur noch ernster, er war auch noch bleicher geworden. Das konnte keine Verstellung sein. Louise, die ihn ängstlich beobachtete, begriff es wohl.

„Wiederholen Sie mir," bat Ignaz — „Albert ist von dem Zimmermeister nach der Zuckerfabrik geschickt?"

„Ja, nach der Fabrik des Fürsten von Selbach. Und dafür, daß er wirklich hingegangen ist, kann ich einstehen. Als ich Nachfrage hielt, wollte ihn freilich Niemand gesehen haben."

Ignaz starrte düster zu Boden. Plötzlich fuhr er auf und trocknete mit dem Seidentuche die Stirn. Seine Lippen zuckten, als ob er einen bittern Groll unterdrücken wollte; er schien mit sich selbst zu reden. Seine Hände drückten krampfhaft das Taschentuch. Die Nachricht ergriff ihn furchtbar. Länger als eine Minute war er keines Wortes mächtig.

„Dies Alles können Sie verbürgen?" fragte er endlich mit großer Anstrengung.

Else versicherte es.

Der gnädige Herr ging einige Mal durch das Zimmer, als ob er seine Erregung dadurch bekämpfen wollte. Man sah, daß er schwankte.

„Liebe Frau," bat er, „reichen Sie mir ein Glas Wasser!"

Die Wirthschafterin ging hinaus.

„Gnädiger Herr," begann Louise, „Sie sind so tief ergriffen, daß ich Ihrer Theilnahme an dem schrecklichen Ereignisse gewiß sein darf. Ich flehe Sie an — helfen Sie uns forschen — die Ungewißheit über das Schicksal des Entschwundenen tödtet mich. Sie mögen es nur wissen, wir haben uns recht innig geliebt!" fügte sie leise hinzu.

Der Fremde ergriff sanft ihre Hand.

„Ich habe es längst gewußt, mein liebes Kind!" sagte er treuherzig. „Albert hing stets in treuer Liebe an Ihnen, und wenn er sich nach einer achtbaren und sichern Selbstständigkeit sehnte, so geschah dies, weil er sich dem Stande Ihres Vaters gleichstellen wollte. Von unserer Seite ist ihm das Versprechen geworden, ihn in seinen Bestrebungen zu unterstützen — das schreckliche Ereigniß vereitelt einen wohl überlegten Plan. Wie Ihnen liegt auch mir daran —"

Der Schmerz schloß ihm die Lippen.

Nach einer Pause fügte er hinzu:

„Sie sind die Braut des armen Zimmermanns gewesen, Sie, die Tochter des wohlhabenden Mannes, haben ihn geliebt — gelingt es mir, Albert zu finden, so empfangen Sie ihn aus meiner Hand. Gott wird ja gnädig sein und ein Unglück von dem Haupte des jungen Mannes abwenden, der mein Interesse im hohen Grade erregt."

„Wer sind Sie denn, gnädiger Herr?" wagte die arme Braut zu fragen, die durch das liebreiche Benehmen des Fremden zutraulich geworden war.

„Erlassen Sie mir jede weitere Erklärung. Die Zeit kommt, die Ihnen Aufschluß bringt. Sie lieben einen wackeren Arbeiter!"

Else kam zurück.

Ignaz trank von dem frischen Wasser, drückte schmerzlich dem jungen Mädchen die Hand, grüßte die Wirthschafterin und entfernte sich.

„Kommen Sie!" flüsterte Else.

„Wohin?"

„Sie werden es schon sehen."

Beide standen an dem Gartenzaune; sie sahen, wie eine Equipage mit zwei muthigen Pferden bespannt rasch abfuhr. Jetzt erinnerte sich Louise ihrer Droschke. Traurig nahm sie Abschied.

„Da der gnädige Herr Nichts von Albert weiß," sagte Else weinend, „so wird der arme Mensch wohl umgekommen sein. Ich lasse es mir nicht nehmen; freiwillig hat er den Tod nicht gesucht."

Dieser Ansicht war auch Louise, denn, so viel sie auch nachdachte, sie · fand keinen Grund, den sie Alberts Verschwinden unterlegen konnte. Von seiner treuen Liebe war sie zu fest überzeugt, als daß sie ihn des Wortbruchs beschuldigen konnte.

Der Besuch des Häuschens in Buchau hatte sie noch trauriger gestimmt. Neun Uhr war längst vorüber, als sie das väterliche Haus erreichte. Die Eltern, und mit ihnen Frau Wiprecht, saßen bei Tische. Beide Frauen überschütteten sie mit Vorwürfen wegen des langen Ausbleibens. Louise half sich mit einer Nothlüge, der ersten in ihrem jungen Leben. Sie sprach von einem Spaziergange, den sie mit einer zufällig gefundenen Freundin gemacht, und zeigte so viel Ruhe, als ihr zu erkünsteln möglich war, um die Wahrheit ihrer Worte zu bekräftigen. Die Mutter war übler Laune. Der Vater war betrunken.

Mit Entsetzen sah die arme Tochter das bleiche, und doch glühende Gesicht dessen, den sie kindlich verehren und lieben sollte. Meister Gerold war wirklich schwer berauscht. Stöhnend blies er große Rauchwolken aus einer langen Pfeife. Frau Wiprecht stellte sich, als ob sie den Zustand des wackern Meisters nicht bemerkte. Aber Cölestine, die fromme Frau — zischend wie eine Schlange — forderte sie die Tochter auf, rasch zu essen, da man schon zu lange gewartet habe.

Louise fühlte kein Bedürfniß; aber sie genoß doch von den Speisen. Um zehn Uhr schied Frau Wiprecht, nachdem

sie zärtlich Mutter und Tochter geküßt hatte. Herr Gerold
rief regungslos „Gute Nacht!"

„Abscheulich!" flüsterte Cölestine auf dem Vorsaale.

„Dein Mann ist zu beklagen!" meinte die Mama.

„Hätte ich ihn nie gesehen!"

„Habe christliche Nachsicht, mein Kind."

„Auch diese hat ihre Grenzen. Der Trunkenbold ver=
eu det den letzten Rest meines Vermögens. Der selige Wi=
precht hätte ihn besser kennen müssen — Mein Gott, wie
unglücklich bin ich! Wenn Sie nicht helfen, Mama, bin ich
verloren und mit mir die arme Louise!"

„Ich werde schon helfen; gute Nacht!"

Und die Mama ließ sich von der Magd heimführen.

„Das zähe Weib!" flüsterte grollend Frau Gerold.
„Kann es sich wohl entschließen, mich sicher zu stellen? Ich
muß andere Saiten aufspannen, und dabei soll mir das
Geheimniß zu statten kommen, das ich neulich belauscht
habe."

Louise ging in ihr Stübchen, das an das Schlafgemach
der Eltern grenzte. Eine dünne Wand schied beide Räume.
In der Nachtstille hörte sie folgendes Gespräch:

„Du bist ein Thier, Gerold!" sagte die Mutter, die
ihren Aerger nicht länger verbergen konnte. „Wo hast Du
getrunken? Wo bist Du gewesen? Ich muß mich meines
Mannes schämen!"

„Thue das, mein Kind!" stammelte der Meister.

„Und mit Hohn behandelst Du mich noch?"

„Bete, alte Betschwester, bete!"

„Nichtswürdiger! Wenn Einer der Verzeihung des

Himmels bedarf, so bist Du es. Sünder, frecher Sünder! Bete Du selbst für das Heil Deiner Seele! Ich verachte Dich!"

Nun ward es still. Louise entkleidete sich und suchte das Bett auf. Weinend verrichtete sie ihr Nachtgebet.

Der Tod Alberts erschien ihr nun nicht mehr zweifelhaft. Der gräßliche Gedanke, der eigene Vater habe dazu beigetragen, den Geliebten zu beseitigen, schnürte ihr die Brust zusammen. „Aber warum? warum?" fragte sie sich. „Glaubt man vielleicht, daß er gerechte Erbansprüche auf das Vermögen der alten Wiprecht habe? Er ist ja der Sohn des verstorbenen Brand gar nicht!" Soviel sie auch nachdachte, sie fand keinen Grund; das aber setzte sie als sicher voraus: „der Vater trinkt aus Verzweiflung, er trinkt, um sich zu betäuben."

Der Schlaf floh die arme Braut, die sich die schönsten Plane für die Zukunft entworfen hatte; nun waren alle zertrümmert.

„Ach Gott," betete sie, „was soll ich hier noch auf der Erde? Und wenn mir die Eltern Millionen hinterlassen, ich kann nicht mehr glücklich werden. Nimm mich zu Dir, lieber Gott, hier ist meines Bleibens nicht!"

Jetzt begann das Gespräch in dem angrenzenden Zimmer wieder.

„Konrad," fragte Frau Gerold, „weißt Du um Albert? Sage es mir, es ist nöthig, daß ich Alles erfahre."

„Ich habe ihn nach der Fabrik geschickt! O, ich hätte auch einen Andern schicken können."

„Konrad, ist der Geselle verunglückt?"

„Frage nicht, Frau ... laß' mich schlafen! O, ich bin recht müde!"

„Trunkenbold, sieh' Dich vor! Du hast Worte fallen lassen, die auf Mancherlei schließen lassen. Mir ist es schon recht, daß der freche Mensch beseitigt ist.... Erzähle doch, Konrad!"

„Was kümmert's mich?" stammelte der Betrunkene. „Ich habe nicht Hand an ihn gelegt ... der Intendant wollte ... ich konnte auch einen andern Gesellen schicken ... Cölestine, bete und laß mich schlafen! Was andere Leute thun, geht mich nichts an!"

„Die Polizei wird nach dem Verschwundenen forschen."

Die Worte, die nun folgten, konnte Louise nicht verstehen. Dann ward es still. Lange nach Mitternacht wachte die Braut noch, die den Bräutigam verloren. Als gegen Morgen der Schlaf sie mit sanfter Gewalt umfing, zauberte ihr der Traum gräßliche Bilder vor; sie sah Albert mit Vater Brand in einem Grabe und Else flüsterte ihr zu: Der Vater hat den Sohn nachgeholt. Dann wieder sah sie ihn zwischen den Büschen des Zauns, sein Gesicht war zwar geisterhaft bleich, aber er lächelte, sprach von Liebe bis über das Grab hinaus und deutete auf die hohle Weide, durch die sie den Briefwechsel befördern wollten. Ich bleibe Dir ewig treu! hörte sie ihn flüstern. Dann verschwand das bleiche Gesicht wie ein Schattenbild.

Die Sonne schien klar durch das Fenster, als Louise erwachte; sie fühlte sich ermattet, geistig abgeschwächt. Aber doch erinnerte sie sich lebhaft der Vorgänge der Nacht und besonders der Traumgebilde. Mühsam erhob sie sich und

machte Toilette. Ihr Köpfchen brannte in Fieberhitze. Die
Mutter kam bald und fragte besorgt nach der Tochter, deren
langes Schlafen ihr aufgefallen war. Louise selbst sprach ihre
Verwunderung darüber aus und folgte der Mutter in das
Wohnzimmer, wo das Frühstück aufgetragen stand. Der Vater war, seiner Gewohnheit gemäß, längst auf den Zimmer-
platz gegangen.

„Du wirst diesen Morgen nicht im Hause bleiben,"
sagte Frau Gerold; „gehe in den Garten, gegen Mittag
komme ich mit der Mama, um Dich abzuholen. Deine bleiche Gesichtsfarbe gefällt mir nicht."

Der Vorschlag war ihr schon recht. Sie nahm Hut und
Mantille und ging. Der Garten war ihr ja der liebste Aufenthalt, denn dort hatte sie mit dem gesprochen, an dem ihre
ganze Seele hing. Das stille Plätzchen war geheiligt; Albert,
der Gestorbene, hat es betreten. Bald war sie am Ziele; sie
verschloß die Gitterthür und begann zwischen den duftenden
Beeten zu lustwandeln. Der Thau perlte noch an den Blättern, in frischen Farben prangten die Blumen, die der Strahl
der Sonne noch nicht welk gemacht, und die fleißigen Bienen
begannen summend ihr Tagewerk. Im heitersten Blau spannte
sich der Himmel über dem kleinen Paradiese aus, das durch
hohe Hecken vor den Blicken der neugierigen Nachbarn ge-
schützt ward. Louise kam, ohne es recht zu wollen, bei der
Weide an. Wie gebannt blieb sie stehen. Schmerzlich weh-
müthige Erinnerungen durchzitterten ihren Busen. Sie dachte
auch daran, daß das Blatt Papier verschwunden war, das
einen Vorwurf für den Geliebten enthielt. Vielleicht rief ihr
krankhafter Zustand, ihre Gereiztheit die Frage hervor: „Ob

Albert mein Blatt geholt hat? Will er mir nicht treu bleiben bis über das Grab hinaus? Soll ich ihn vernachlässi-
gen? Es ist Pflicht, daß ich nachsehe, ob er mir Antwort
geschickt hat."

Sie trat der Weide näher.

Jetzt zwitscherte der Zeisig, der in der Nähe sein Nest
hatte. Es war der armen Braut, als ob das zarte Thierchen
ihr Muth zuflüstern wollte. Im Unglücke ist man ja geneigt
auf Alles zu hören, Alles zu deuten und Trost daraus zu ziehen.

Louise brachte die Hand in den Baum. Erschreckt fuhr sie
zurück; sie hatte ein Papier berührt.

„Es ist nicht möglich!" stammelte sie.

Bestürzt sah sie um sich. Nichts regte sich in der Umgebung; die Sonne schien freundlich vom Himmel herab, die
Blumen dufteten und der Zeisig sang. Ein schwarzer Schmet-
terling flatterte an der Waide vorüber, hob sich empor und
verschwand zwischen den Zweigen.

„Gewißheit! Gewißheit!" flüsterte Louise.

Rasch holte sie das Papier hervor. Es war feucht und
beschmutzt; aber deutlich ließen sich die Worte lesen, die eine
feste Hand geschrieben; „Vertraue auf Gott, er führt uns
wieder zusammen. Zürne mir nicht, die Hand des Höchsten
leitet mich. Mein Geist umschwebt Dich schützend und liebend
— ach, Louise, ich sehe Dich ja immer! Komme täglich zu der
Weide, übergib ihr Deine Briefe und empfange von ihr die
meinigen. Der Baum sei der Vereinigungspunkt unserer Herzen, so lange das Schicksal uns getrennt hält. Mein Mer-

der lebt herrlich und in Freuden; Du wirst ihn einst an=
klagen."

„Sein Mörder!" rief schluchzend das arme Mädchen.
„Also hat man ihn doch verfolgt, er hat sich nicht freiwillig
von mir getrennt!"

Sie las weiter: „Sei stark, Louise, Du wirst mein
Weib, ich komme bald, Dich zu holen. Die Braut des Armen
empfängt der Treue Lohn — ewig Dein Albert."

Zwei und dreimal las sie die Zeilen, die von der Hand
des Geliebten geschrieben waren; sie kannte seine Hand zu
gut. Dann verbarg sie das Papier unter dem Kleide auf
dem Busen. Wunderbar gestärkt und getröstet ging sie durch
den Garten; ihr war, als ob sie einen Talisman trüge, der
vor Gram und Verzweiflung schützte. Albert war todt; sie
konnte ihn nicht mehr sehen, aber sie konnte sich mit ihm
unterhalten, konnte ihm ihre Wünsche und Empfindungen zu
erkennen geben. Sie riß ein Blatt aus ihrem Taschenbuche
und schrieb darauf: „Hole mich, Albert, der Tod soll mich
mit Dir vereinen, ich kann ohne Dich nicht leben. Hole bald
Deine treue Louise."

Das Papier warf sie in den Baum.

„Ich sterbe gern!" dachte sie. „Was soll ich auf der
Erde, wo Habsucht, Geiz und alle Laster herrschen? In der
ewigen Heimat werde ich ruhig und glücklich sein."

Und nun sah sie sehnsüchtig durch den unendlichen Raum,
den das strahlende Licht der Sonne ganz erfüllte! sie ging
oft an der Weide vorüber, die geisterhaft zwischen den grünen
Blättern stand. Dort war die Grenze zwischen dem Irdischen
und dem Ewigen; von dort streckte sich ihr die Hand des

Gestorbenen entgegen, die Hand, die sie heimführen sollte. Ob sie wohl das Papier schon geholt hatte, das sie vor einer Viertelstunde dem Baume übergeben? Sie kehrte zurück und brachte die Hand in die Höhlung — das Papier war verschwunden.

„Heiliger Gott! Heiliger Gott! Es ist doch keine Täuschung?"

Und es war wirklich keine Täuschung, die Hand fand nichts in dem kleinen hohlen Raume. Der Zeisig sang laut, er wollte wohl bestätigen, was Louise zu glauben sich scheute.

Da saß das graue Vögelchen munter und lustig auf dem knorrigen Stamme, dann hüpfte es weiter, kam aber immer wieder zurück, als ob es an den Ort gebannt wäre.

Louise ging wie eine Träumende durch den Garten; sie gehörte der Erde nicht mehr an, sie lebte schon in anderen Räumen mit ihrem Albert. Konnte sie denn noch zweifeln, daß eine Verbindung zwischen hier und dort existirte? Lagen nicht unumstößliche Beweise vor?

Die Mutter kam mit Frau Wiprecht. Louise saß vor der Laube, still den Garten betrachtend.

„Mit unserer Louise ist etwas vorgegangen," meinte die Witwe.

Cölestine war allerdings auch der Meinung, aber sie suchte es zu verbergen.

„Wie?" fragte sie.

„Das gute Kind sieht blaß und unruhig aus."

„Sie ist besorgt wegen der Zukunft."

„So!" rief die Alte gedehnt.

8*

„„Ja!" meinte Frau Gerold, die an der Seite der Mama ging.

„Und warum denn?"

„Der Vater hat ihr kleines Heiratsgut in das Geschäft gesteckt oder stecken müssen, und das Geschäft geht schlecht."

Das war unklug, meine Liebe."

„Allerdings; aber die Nothwendigkeit gebot es. Mama, nehmen Sie sich des armen Kindes an!"

„Gewiß! Gewiß!"

Nun schwiegen die beiden Frauen; sie waren in die Nähe der Laube gekommen.

Louise, die regungslos auf der Bank saß, bemerkte sie noch nicht. Frau Gerold rief den Namen der Tochter. Diese schrak heftig zusammen.

„Du, Mutter!"

„Woran dachtest Du denn, mein Kind?" fragte die alte Witwe.

„An die Zukunft, an Alles, was dem Menschen noch bevorsteht."

„Ich sagte es Ihnen wohl!" flüsterte Cölestine.

„Beruhige Dich, liebe Louise. Deine Aussteuer habe ich sichergestellt, das Dokument darüber liegt in meinem Sekretär."

„Soll ich mich denn verheirathen?" fragte Louise, schmerzlich lächelnd.

„Ei, das versteht sich, Du sollst eine recht glückliche Frau werden. Beruhige Dich und laß mich sorgen."

„Nein, nein!" flüsterte das junge Mädchen wie im

Selbstgespräche. „Hier auf Erden ist meines Bleibens
nicht —"

Die erschreckte Mutter zischte ihr zu:

„Sprich nicht so dumm, albernes Geschöpf!"

Dann rief sie laut:

„Ach ja, wir Alle sind nur arme Pilger hier auf Erben, wir bereiten uns hier vor für die ewige Heimath. Der
Eine geht früh, der Andere geht spät."

„Aber Alle gehen!" fügte die Alte hinzu. „Das hat
seine Richtigkeit. Louise, pflücke mir einen Strauß!"

„Sprich mit dem Arzte, Cölestine, das Mädchen ist
wirklich krank."

„Der Arzt kann nicht helfen."

„Wer denn?"

„Sie, Sie, und Sie werden helfen. Ach, meine Ehe
ist sehr unglücklich. Fände ich nicht Trost in der heiligen
Religion und in dem Worte Gottes, ich wäre längst eine
Beute der Verzweiflung geworden. Mein Kind liegt mir am
Herzen, mein Kind —"

„Ich glaube Dir, Cölestine."

„Gerold ist ein roher, unvernünftiger Mann, der ein
rohes Bauernmädchen hätte heiraten müssen. Sie haben viel
gut zu machen, Mama!"

Man wußte nicht, ob Frau Gerold vor Zorn oder
vor Schmerz weinte; aber sie weinte, das sah die Alte wohl,
die in große Verlegenheit gerieth. Sie wandte sich ab und
betrachtete die Blumen an der Laube.

„Das Weib hat ein zähes Fell!" flüsterte Cölestine
grollend vor sich hin. „Ich versäume keine Gelegenheit, um

ihr den Standpunkt klar zu machen, und doch rührt und
regt sie sich nicht. Meine Geduld ist nun bald zu Ende —
dann rücke ich mit dem Kellergeheimnisse heraus."

„Das ist mir recht fatal!" dachte die Witwe. „Ich
muß dazu thun, um mich mit meinem Schwager abzufinden,
der seine Forderungen sehr hoch spannt. Da sitze ich nun
wie eine arme Seele zwischen zwei Feuern. Für Louise
werde ich wohl etwas thun können, ohne den Teufel zu ver-
letzen, den ich Schwager nennen muß."

Cölestine hatte durch die Blätter gelugt.

„Der Ausdruck des Weibes ist recht bösartig!" dachte
sie. „Der Schwager hat sich mit ihr verbunden — wahrhaftig, ich würde wahnsinnig, wenn mein schlau angelegter
und mühsam verfolgter Plan kurz vor dem Ziele scheiterte!
Ich lasse alle Minen springen!"

Von diesem Augenblicke an ward das Verhältniß zwischen den beiden Frauen ein gespanntes, wenn sie äußerlich
auch fromm und freundlich erschienen.

Als Louise der Alten den Strauß überreichte, dessen
einzelne Blumen sie sorgfältig gewählt hatte, dachte Frau
Gerold:

„Louise thut mir leid! Es ist nicht leicht, einem so
dummen Weibe zarte Aufmerksamkeiten zu beweisen."

Man trat den Rückweg an. Frau Wiprecht nahm für
heute die Einladung zum Mittagsessen nicht an, sie schützte
Unwohlsein vor. Frau Gerold spielte immer noch die Besorgte; sie brachte die Mama nach Hause und half ihr beim
Auskleiden. Auf der Hausflur traf sie die Magd.

„Grete!"

„Was denn, Frau Gerold?"

„Ist der alte Kerl wieder hier gewesen?"

„Nein. Wäre er es, so hätte ich es Ihnen schon gesagt."

„Hast Du erfahren, wer er ist?"

„Auch das nicht."

„Seltsam!"

„Madame Wiprecht spricht mit keiner Silbe von ihm."

„Grete, jetzt müssen wir aufpassen."

„So? Warum denn, Frau Gerold?"

Die alte Magd schielte bei dieser Frage so entsetzlich, daß man von ihrem rechten Auge nur das Weiße sah, das übrigens in's Gelbliche spielte. Cölestine schauderte nicht zurück, sie hatte sich an dieses Schauspiel schon gewöhnt.

„Der Fremde in dem fadenscheinigen Rocke gehört zur Sippschaft."

„Ist's möglich!" flüsterte Grete.

„Ich habe es herausgebracht."

„Das Volk schießt aus der Erde wie Pilze. Soll ich ihn einlassen, wenn er wiederkommt?"

„Ja; aber bereite nun das vor, von dem wir gesprochen —"

„Glauben Sie, daß es Zeit ist?"

„Die höchste Zeit."

„Gut, Frau Gerold. Es ist Alles so weit fertig; Sie haben zu bestimmen."

„Merke auf, Du kannst jeden Abend darauf rechnen, daß Du das verabredete Zeichen siehst."

„Recht so. Ich werde auf meinem Posten sein."

Cölestine flüsterte der schrecklichen Magd in das Ohr:
„Der Garten und das Haus in Buchau werden bald
Dein Eigenthum sein."

Grete lächelte so holdselig, als es ihr möglich war.
Und als Cölestine hinzufügte: „Ich habe dafür gesorgt, daß
das schöne Grundstück, das für Dich wie geschaffen ist, bei
der Masse bleibt —" da drückte die Magd die Gattin des
Zimmermeisters gerührt an die Brust.

„Sie sorgen schon für mich!" zischelte sie. „Wenn Sie
nicht wären, müßte ich leer ausgehen für meine langjährigen
treuen Dienste. Weiß der Teufel, unsere alte Frau wird
mit jedem Tag zäher und trifft neue Einschränkungen."

„Laß Dir Alles gefallen, gute Grete, sei verschwiegen,
und habe Geduld — der Lohn wird nicht ausbleiben. Du
bekommst das Häuschen in Buchau, wie es liegt und steht,
auch nicht ein Stuhl soll verrückt werden. Daß Du es
weißt — Mama hat schon Besitz davon genommen. Sobald
die Reihe an mich kommt — Nun, Du weißt, was zu
thun ist."

So schied Frau Gerold von der Magd.

„Eine schlaue Frau!" dachte Grete. „Ich aber bin auch
nicht auf den Kopf gefallen. Von dem alten geizigen Weibe
ist Nichts zu hoffen, ihr ist der Lohn zuviel, den sie mir
zahlt — darum muß ich es mit Frau Gerold halten. Des
Dienens bin ich überdrüssig, will meine alten Tage gemäch-
lich verleben. Habe ich das Haus, den Garten und die
Wiese, natürlich schuldenfrei, so werde ich schon durchkom-
men. Ich baue Gemüse und handle mit Käse und Butter."

Die verlockende Aussicht hatte die Magd so gereizt,

daß sie der abscheulichsten That fähig geworden, wenn Cö= lestine sie verlangt hätte. Frau Gerold, die fromme Chri= stin, kannte die Menschen.

In dem Hause Gerolds verfloß der Nachmittag trau= rig. Louise, obgleich sie mit weiblichen Arbeiten beschäftigt am Fenster saß, gab der Mutter dennoch Anlaß zu Besorg= niß; sie sprach wenig und sah recht leidend aus.

Die Abenddämmerung hatte sich eingestellt. Es war schwül, von Zeit zu Zeit zuckte ein Wetterleuchten auf, das das ganze Zimmer erhellte. Die arme Braut dachte recht lebhaft an den Bräutigam.

„Von Allen, die ihn gekannt haben," flüsterte sie, „ist er nun schon vergessen; es regt sich keine Hand, die seinem Schicksale nachforscht. Ach, und kann ich Schritte thun ohne den Vater anzuklagen? Ich muß ja das Aergste be= fürchten."

Eine Hand legte sich ihr auf die Schulter.

„Louise."

„Mutter! Wie Du mich erschrickst!"

„Bist Du krank, mein Kind?"

„Nein, Mutter!"

„Dann leidet Dein Gemüth."

„Nein, nein!"

„O, ich habe es längst bemerkt, suche mich nicht zu täuschen. Theile Dich mir mit, Louise."

Ein Blitz zerriß das Dunkel.

„Du hast geweint," rief Frau Gerold. „Der Herr sandte sein Licht, daß ich Dein Auge sehe. Und ich habe es deutlich gesehen — Du hast geweint! Mädchen, bekenne

Deiner Mutter, die Gehorsam und Achtung von Dir zu for=
dern berechtigt ist. Sieh'! wir sind allein. Niemand wird
uns stören — Du hast etwas auf dem Gewissen!"

Louise schwieg einige Augenblicke; dann sagte sie:

„Mein Gewissen ist rein, Mutter, es kann sich jeden
Augenblick vor Gott stellen —"

„Sprich nicht so freventlich, Louise; bete, daß Dir Gott
gnädig sein möge, denn wir sind allzumal Sünder. Steht
Dir ein Mensch in der Welt näher als die Mutter? Ich
sorge für Dich, habe Tag und Nacht nicht Ruhe —"

„Mutter, da wir allein sind, richte ich eine Bitte an
Dich."

„Sprich, sprich!"

Frau Gerold hatte sich der Tochter gegenüber nieder=
gelassen, um neugierig zu lauschen.

„Zwinge mich nicht, die alte Wiprecht als Großmutter
zu betrachten und sie demgemäß zu behandeln — ich kann
es nicht, ich kann es nicht mehr!"

„Mädchen!"

„Die ungebildete Frau versteht mich nicht, und mir
ist es eine gräßliche Qual, Gefühle zu äußern, die mir
fremd sind."

„Das Ei will klüger sein als die Henne."

„Frau Wiprecht ist uns ja eine ganz fremde Person,
sie gehört unserer Familie nicht an."

„Wer sagt Dir das?" rief zitternd die Mutter.

„Ich weiß es!"

„Du weißt Nichts, naseweises Kind!"

„Und doch, Mutter!"

„Bin ich nicht in Wiprechts Hause erzogen?"

„Dafür hast Du bezahlt."

„Ist der verstorbene Wiprecht nicht mein Vormund gewesen?"

„Er hat seinen Gewinn dabei gehabt."

„Und will die wackere Frau Dich nicht zur Erbin einsetzen?"

„Ich will ihr Geld nicht."

„Warum nicht?"

„Weil ich kein Vermögen brauche."

„Ei, seht doch!" rief höhnisch Frau Gerold. „Du brauchst kein Geld?"

„Es sind arme Seitenverwandte da, die rechtliche Ansprüche auf Frau Wiprechts Hinterlassenschaft haben. Diese, Mutter, würden wir bevortheilen — dazu biete ich die Hand nicht."

„Gut, so sollst Du es erfahren: wir besitzen Nichts, gar Nichts! Merke Dir das! Der Vater hat Unglück gehabt, hat Alles verloren. Kommt uns die Großmama nicht zu Hülfe, so gehen wir unter. Haben wir es nicht um die alte Frau verdient, daß sie sich uns gegenüber dankbar zeigt? Mädchen, was soll aus Dir werden, wenn Du keine Aussteuer besitzest? Du willst Dich wohl auf Dein glattes Lärvchen verlassen, auf Deine schlanke Taille? Louise, ich weiß, was recht, weiß, was zu thun ist. Sei ein undankbares, schlechtes Kind und richte Deine armen Eltern zu Grunde. Siehst Du nicht, daß der Vater aus Verzweiflung zur Flasche greift? Rettet ihn die Großmama nicht, so geht er unter. Und weißt Du, wie groß das Vermögen ist, um das wir durch Deine Albernheit kommen können? Hunderttausend Thaler! Bringe mir die Großmama nicht auf, oder Dich trifft der Fluch der Eltern. Gott verzeihe mir die Sünde — Da bin ich in Zorn gerathen."

Meister Gerold trat taumelnd in das Zimmer; er war wieder berauscht. Die Frau rief nach Licht, das eine Magd sogleich brachte. Dann setzte sich die Familie zu Tische.

„Warum ist kein Wein da?" fragte der Meister.

„Ich denke, Konrad, Du hast genug getrunken. Vergnüge Dich heute."

„Hältst Du mich für berauscht?" rief der Hausherr, aus seinen Augen schossen Blitze. „Willst Du mich auf magere Kost setzen? Soll ich nur trinken, wenn Du es erlaubst? Ich habe zu befehlen, und darum will ich Wein haben!"

Frau Gerold zitterte am ganzen Körper.

„Mann, Du wirst nicht trinken!" rief sie mit schneidender Stimme. „Schäme Dich vor Deiner Tochter, schäme Dich vor den Domestiken, denen Du zum Spotte wirst."

Konrad hob beide Fäuste empor.

„Frau! Frau!" rief er.

„Sei ein Christ, denke an Gott!"

„Possen!"

„Konrad!"

„Ich will trinken, weil ich Durst habe. Louise, laß eine Flasche Wein kommen, ich befehle es!"

Die arme Tochter wußte nicht, was sie beginnen sollte.

„Du gehst nicht von der Stelle!" zischte die Mutter.

„Wein!" brüllte der Vater. „Willst Du ihn mit den Pfaffen trinken, Frömmlerin?"

Cöleſtine neigte das Haupt, faltete die mageren Hände und flüſterte ſo laut, daß es deutlich zu hören war:

„Gott, vergieb ihm, er weiß nicht, was er thut."

„Ich bin der Kopfhängerei überdrüſſig," fuhr der erregte Meiſter fort. „Was hat ſie denn eingebracht? Bis Dato noch nicht einen Kreuzer. Wein, Wein, oder ich zerſchlage den Tiſch!"

„Gehe!" flüſterte Cöleſtine der Tochter zu. „Bringe Du ſelbſt die Flaſche."

Und Louiſe ging. Kaum hatte ſie die Thür geſchloſſen, ſo erhob ſich Cöleſtine und ſagte:

„Konrad, Du kannſt Deine Natur nicht verleugnen, biſt zum Thiere herabgeſunken. Bezähme Dich doch, ſei ein Mann und liege Deinem Geſchäfte mit nüchternem Verſtande ob. Heute habe ich erfahren, daß die Großmama ein Vermögen von hunderttauſend Thalern beſitzt."

Der Meiſter erſtarrte zur Bildſäule.

„Hunderttauſend Thaler!" wiederholte er ſtammelnd. „Das iſt nicht wahr!"

„Ich habe es Schwarz auf Weiß geſehen!" verſicherte die Frau.

„Wie ſoll der alte Wiprecht zu dieſer Summe gekommen ſein?"

„Er beſitzt ſie, verlaß Dich darauf, und ſie wird uns werden, wenn Du vernünftig biſt und nicht mehr trinkſt. Dann biſt Du wieder ein gemachter Mann und ſtehſt als der erſte Zimmermeiſter der Stadt da. Denke das

Siegesgeschrei Deiner Mitmeister, wenn Du zu Grunde gehst — Und, Konrad, ich verlange ja nur wenig von Dir — Ueberlaß Dich getrost meiner Leitung, dann wird Alles gut werden!"

Der Meister reichte der Meisterin schweigend die Hand. „Still, Louise kommt zurück!"

Louise brachte den Wein. Meister Gerold trank einige Gläser, aß rasch und ging in sein Schlafzimmer, ohne Frau und Tochter zu grüßen.

„Da siehst Du es!" sagte Cölestine. „Dein armer Vater ist der Verzweiflung nahe. Mehr sage ich Dir nicht. Es kommt auf Dich an, ob Deine Eltern noch einmal glücklich werden sollen."

„Kann es denn nur auf diesem Wege geschehen? Bedürfen wir denn zu unserem Glücke des Geldes?"

„Dein Vater ist Geschäftsmann. Die Sünde, die Du zu begehen wähnst, nehme ich auf mich. — Nun sei auf Deine Gesundheit bedacht und pflege Dich."

Die Mutter brachte die Tochter zu Bett.

Der nächste Morgen brachte trübes Wetter. Es drohte zu regnen. Louise ließ sich dadurch nicht abhalten in den Garten zu gehen. Die Mutter billigte es. „Kürze heute den Spaziergang ab!" rief sie ihr nach. Louise versprach es und ging.

„Ich werde schon erfahren, was dem Mädchen fehlt!" dachte Cölestine. Eine Herzensangelegenheit kann sie nicht darniederdrücken, denn ich wüßte nicht, wo sie die Bekanntschaft eines Mannes gemacht haben sollte. Vor der Hand will ich über das Heiratsprojekt schweigen."

Sie stattete Frau Wiprecht den gewohnten Morgen-
besuch ab.

Die Alte lag im Bette. Ein weißes Tuch hüllte ihren
Kopf ein.

„Mama, was ist das?" rief Cölestine erschreckt.

„Ja, was ist das!" sagte matt die Alte. „Es hätte
mich ein schweres Unglück treffen können."

„Um des Himmels willen, Mama!"

„Ich bin noch so alterirt, daß ich kaum sprechen kann."

„So sprechen Sie doch nicht!"

Grete stand neben dem Bette.

„Erzähle Du, Grete!"

Die Magd erzählte:

„Frau Wiprecht war schon angekleidet und wollte in
das Erdgeschoß gehen. — Ich hatte in der Nähe zu thun
— da hörte ich plötzlich einen schrecklichen Fall —"

„Gerechter Himmel!" stammelte Cölestine.

Sie hielt die Hände vor das Gesicht.

„Ich laufe hin und finde meine gute Frau am Boden
liegen — sie war von oben an die Treppe herabgefallen.
Ihr Kopf blutete sehr stark — ich habe sie hinauf, in's
Bett gebracht und ein nasses Tuch um den Kopf gelegt."

„Sie sind wieder unvorsichtig gewesen, Mama, haben
nicht rasch genug gehen können."

Die Kranke bewegte verneinend das Haupt.

„Ich habe mich schon vorgesehen!" flüsterte sie. „Langsam, wie gewöhnlich, stieg ich hinab — da glitten die Füße
unter mir aus —, ich begreife nicht wie das möglich war

— ich ging wie auf Eis — der Schwindel hat mich wohl
wieder erfaßt — das alte Leiden.“

„Darum ist es nicht gut, daß Sie allein wohnen!“
rief Cölestine entrüstet. „Warum denn auch? Was treibt
Sie dazu an? Sie müssen stets in Gesellschaft von Leuten
sein, die Sie mit liebenden Augen bewachen. Wenn Grete
das Haus besorgen soll, kann sie nicht stets um Sie sein.
Herr Gott, wir vergessen ganz und gar den Arzt — Grete
hole rasch den Doktor — ich bleibe hier — nein, ohne Arzt
können wir nicht fertig werden. Fort, fort!“

Die Magd eilte davon.

„Mama, ich begreife Sie wahrhaftig nicht!“ begann
nun Cölestine. „Ihr Eigensinn ist mir unerklärlich. In unserm Hause hätte Ihnen so etwas nicht begegnen können.
Da haben Sie den Fingerzeug des Himmels — Sie sind
nicht mehr jung, bedürfen der Stütze kräftiger Leute — was
wäre geworden, wenn der Fall ein noch schwererer gewesen
wäre? Ach, es ist unverzeihlich! Mama, Sie machen mir
das Herz schwer — da sitze ich zu Hause in einer wahren
Todesangst —“

Sie verhüllte das Gesicht.

„Gute Cölestine, weine doch nicht!“ bat die Alte.

„Soll ich denn ruhig sein, während Sie so entsetzlich
leiden? An dem weißen Tuche sehe ich Ihr kostbares Blut
schimmern — Ihr liebes Gesicht ist leichenblaß — Mama,
wenn Sie auf sich keine Rücksicht nehmen wollen, so denken
Sie wenigstens an Andere, die Sie lieben! Ach, es ist un-
erhört, daß Sie mir so schweren Kummer bereiten! Kommt

denn der Arzt noch nicht? Der träge Mann wird doch bezahlt! Die Angst tödtet mich!

„Wie fühlen Sie sich denn, Mama? Es ist eine auffallende Veränderung in der kurzen Zeit mit Ihnen vorgegangen — wenn der schwere Fall nur nicht eine Gehirnerschütterung hervorgebracht hat. Die Folgen kommen stets nach. Wie fühlen Sie sich, Mama?"

Cölestine kniete an dem Bette nieder, ergriff die Hand der Kranken und sah ihr ängstlich in's Gesicht. Es rollte ihr wirklich eine Thräne über die hageren Wangen.

Da kam der Arzt. Er untersuchte, gab Verordnungen und antwortete auf Cölestinen's dringende Fragen ausweichend. Nachdem er die weitläufige Erzählung von dem traurigen Falle angehört, entfernte er sich mit dem Versprechen, im Laufe des Tages wiederzukommen.

„Da haben Sie's, Mama! Er wird wiederkommen! Das ist kein gutes Zeichen. Ach, Sie machen mir durch Ihre Unvorsichtigkeit große Sorgen!"

„Ich werde noch nicht sterben!" sagte die Alte. „Das fühle ich. Der Schmerz am Kopfe geht vorüber."

Dann verblieb sie still und schlummerte nach einiger Zeit ein.

„Man möchte den Verstand verlieren!" flüsterte Frau Gerold. „Das Weib hängt mit einer seltenen Zähigkeit am Leben. Wenn mich nicht Alles täuscht, so will sie deßhalb nicht testiren, weil sie den Schwager fürchtet. Wüßte ich nur, welche Dokumente sie in jenem Sekretär aufbewahrt. Daß sie für uns schon etwas gethan hat, ist sicher —"

Sie schlich zu dem Sekretär; er war fest verschlossen. Jetzt trat Grete ein. Cölestine schob die Thür des Schlafgemaches an, dann zog sie die Magd in eine Fenstervertiefung. Beide flüsterten ganz leise.

„Nun?" fragte die Frau des Zimmermeisters.

„Ich habe Alles gethan, wie Sie es befohlen."

„Du hast zu wenig gethan."

Grete holte die Pantoffeln der alten Wiprecht.

„Sehen Sie, die Sohle ist ganz mit Seife überzogen."

„Reinige die Pantoffeln."

„Warum?"

„Der Vorsicht wegen. Der Arzt scheint Vermuthungen zu hegen, die mich ängstigen."

Grete that wie ihr gesagt. Cölestine selbst brachte die Pantoffeln an das Bett zurück.

„Wo ist der Schlüssel zum Sekretär?"

„Die Frau trägt ihn stets bei sich."

„Auch im Bette?"

„Beim Schlafengehen steckt sie ihn in die Tasche ihrer Unterjacke, die sie nicht ablegt."

„Könnten wir doch zu dem Schlüssel gelangen!"

„Vielleicht ist es im Laufe des Tages möglich. Wir werden ja sehen."

„In meiner Abwesenheit läßt Du keinen Menschen zu der Kranken. Kommt der Arzt, und ich sollte zufällig drüben sein, so gibst Du mir das Zeichen."

„Sie können sich auf mich verlassen."

„Jetzt gilt es, gute Grete. Sind wir nicht wacker auf der Hut, so entgeht uns das Vermögen. Wir haben die mächtige Einwirkung des Herrn Schwagers zu bekämpfen, der gern ein reicher Mann werden möchte. Vergiß nicht, daß Du arm bleibst, wenn ich leer ausgehe."

„Nein, die alte Frau kann nicht schlecht an Ihnen handeln."

„Das glaube ich auch nicht; aber sie wird von dem vagabundirenden Schwager im Schach gehalten. Sieh', wir nehmen ja nur einen Kampf mit der Sippschaft auf, nichts weiter. Und wenn wir als Sieger hervorgehen, so kommen wir der Absicht der Alten entgegen. Ich bin ja so gut wie die Tochter vom Hause, meine Louise ist die Enkelin und Pathe —"

„Still, Frau Wiprecht ruft!"

Beide gingen nach der Kammerthür. Die Kranke lag still in ihrem Bette.

„Es ist Nichts!" flüsterte Cölestine.

Grete lächelte, und wenn sie lächelte, verdrehte sich das schielende Auge, vorzüglich bei starken Gemüthserregungen.

„Sie hat gestöhnt!" zischte sie. „Vielleicht hat sie doch einen derben Stoß bekommen!"

„Vielleicht!"

„Und dann muß sie sich erklären. Es ist kein Spaß, die Grillen der alten Frau zu ertragen — bald ist dies, bald ist das nicht recht. — Ich habe das Leben hier im Hause recht satt."

„Geduld, Geduld, Grete, wir werden bald am Ziele sein. Hüte Dich wohl, ein unüberlegtes Wort zu reden."

„Bei Leibe nicht!"

„Wir bleiben gute Freundinnen so lange wir leben. Später, wenn Du das schöne Häuschen in Buchau bewohnst, besuche ich Dich.“

„Recht so! Ich werde Sie schon bewirthen!“

Frau Gerold setzte sich an das Bett; sie wollte den Sekretärschlüssel erspähen. Grete ging, um die Wirthschaft zu besorgen.

Louise hatte indeß den Garten erreicht. Regenwolken verhüllten die Sonne, ein feuchter Wind fuhr von Zeit zu Zeit über die Beete, daß die Blumen tief ihre Kelche neig= ten. Die Bäume rauschten, einzelne Tropfen fielen aus dem grauen Himmel und die Vögel flatterten unruhig von Ast zu Ast. Die arme Braut schloß die Thür und ging lang= sam an dem hohen Zaune hin. Wie kalt und reizlos erschien ihr die Welt, wie klein und verächtlich kamen ihr die Men= schen vor, die aus Gewinnsucht alle bessere Gefühle unter= drückten. Und von Allen, die mit dem Jammer des Lebens zu kämpfen hatten, war sie die unglücklichste, denn das, was man ihr geraubt, konnte keine Macht ersetzen. Mit jedem Tage, mit jeder Stunde fühlte sie den Verlust schmerzlicher.

Heute wartete sie auf Antwort. Nicht mehr schüchtern, sondern entschlossen trat sie zu der Weide, deren starre Zweige im Winde rauschten. Die ganze Natur trug einen andern Charakter; sie war düster, kalt und abstoßend. Das helle Blau des Himmels, die freundliche Sonne stimmt heiter, erweckt Lebenslust — der graue Horizont, das Rauschen des Win= des erhöhen die Kümmernisse der Seele. Louisens hatte sich eine tiefe Melancholie bemächtigt, die selbst der Schmerz ab= stumpfte. An eine Täuschung glaubte sie nicht; sie war viel=

mehr der festen Ansicht, daß Albert zu ihr kommen würde, wenn er noch lebte. Das Wunderbare des Verkehrs fand sie kaum noch auffallend, da ihr Gemüth sich völlig von dem Irdischen abgelenkt hatte. Der Schmerz gebot ihr zu glauben, und was man wünscht, glaubt man ja gern. Die menschliche Natur neigt sich leicht zum Mystischen hin, vorzüglich im Unglücke. Kommt die Verzweiflung dazu, so ist Alles wahr, selbst das Seltsamste. In Louisens reinem Herzen war die Liebe eine Religion, und jede Religion hat ihren schönen Fanatismus, ihren naiven Aberglauben.

Louise brachte die Hand in den hohlen Baum.

Sie zitterte; ihre Finger hatten ein Papier erfaßt. War es doch, als ob sie einen stechenden Schmerz in den Fingerspitzen fühlte, der sich wie ein elektrischer Strom dem ganzen Körper mittheilte.

„Von ihm! Von ihm!" flüsterte sie schaudernd.

Da war das Papier, in Form eines schrägen Kreuzes zusammengelegt.

Sie öffnete es.

Da standen Alberts Schriftzüge. Niemand konnte sie so täuschend nachahmen.

Louise hätte laut aufjauchzen mögen; aber in demselben Augenblicke durchschauerte ein tiefes Weh ihre Seele — der Brief kam von einem Verstorbenen.

Ein grauer Schleier legte sich vor ihre Augen; sie mußte sich an die alte Weide lehnen. Regentropfen näßten ihr Gesicht, melancholisch rauschte der Wind, die Zweige schüttelnd, die auf sie herabhingen. Die Wolken zogen rasch als ob sie vor Angst weiter getrieben würden.

Louise hatte sich erholt. Sie öffnete hastig das Papier und las:

„Verlaß mich nicht, bleibe mir treu, geliebtes Mädchen! Ich kann Dir nur geistig erscheinen, aber auch Du umschwebst mich wie ein lichter Engel mit Seraphsflügeln. Die Schranken, die uns trennen, werden bald gebrochen sein, dann vereinigt uns die Liebe für die Ewigkeit. Verachte die irdischen Schätze, sie reizen zu Verbrechen; klammere Dich an das Göttliche und schöpfe Hoffnung aus der Religion. Ich klage meinen Mörder nicht an, er ist der Strafe des Himmels verfallen. Louise, arme Dulderin, bleibe mir treu. Ich komme bald, bald. Die Wolken zerreißen, der Himmel wird licht, dann komme ich und hole die Braut zu ungestörteren Freuden. Harre aus, im Namen Gottes! Der Herr wird die Braut des Armen reich machen, daß er sie belohne für treue Liebe. In alle Ewigkeit — Dein Albert.“

„Er spricht noch immer von seinem Mörder!“ dachte Louise. „So ist er todt, todt! Das Wort ist mir nicht mehr so furchtbar — die Wolken zerreißen, der Himmel wird licht, dann kommt er und holt die Braut zu unzerstörbaren Freuden. Ich kann schon ausharren, Albert, wir sind geistig beisammen; die wahre Liebe ist ja nur eine geistige Regung, und ich liebe Dich wahr und innig!“

Sie sah auf zum Himmel. Die jagenden Wolken hatten sich zertheilt, ein Sonnenstrahl schoß herab, die Weide und das Mädchen beleuchtend. Klarheit und Glanz erfüllte den Garten und der Zeisig ließ auf Augenblicke sein zartes Stimmchen hören, als ob er dem göttlichen Strahle entgegenjauchzte.

„Ich bleibe Dir ewig treu!" stammelte Louise. „Sieh nur auf mich herab aus Deinem Himmel, Du wirst mich bewährt finden. Ach, die traurige, kalte Erde, sie birgt keine Schätze für mich!"

Der Sonnenstrahl war verschwunden. Nacheilende Wol=ken bedeckten den Himmel wieder. Düstere Schatten lagerten auf dem Garten.

Louise hatte noch einmal still den Brief gelesen. Da hörte sie Schritte jenseits des Zaunes, schwere und unregel=mäßige Schritte. Erschreckt lauschte sie. Der Mann, der die Schritte verursachte, blieb stehen.

„Die alte Weide muß fort!" murmelte eine Stimme. „Sie schändet den grünen Zaun, der alle Jahre prächtiger wird. Das morsche Holz kann in den Ofen kommen —"

Der Baum ward gerüttelt, daß seine alte Rinde knirschte.

„Wie fest er steht! Die Axt wird ihn niederwerfen. Faul, hohl und vermodert — ein wahrer Grabesgeruch. Grab, Grab — bah, mit dem Tode ist Alles aus. Ich kann den grauen Mann nicht sehen zwischen den grünen Schößlingen — er soll fort!"

„Mein Vater!" flüsterte Louise erschreckt.

Es war Meister Gerold. Wie wüthend rüttelte er an dem Baume. Der Zeisig flog ängstlich pfeifend davon. Einer schwarzen Wolke entfiel ein Hagel von Regentropfen. Die Blätter rauschten, die Zweige bogen sich und die Luft ward grau. Die atmosphärische Veränderung ging rasch vorüber.

Louise bog leise einen Zweig zurück.

Da sah sie, daß der Vater sich taumelnd entfernte. Er war betrunken.

„Mein Gott!" schluchzte die arme Tochter. „So weit ist es gekommen. Und die Weide will er vernichten — das darf er nicht! Die seltsamen Worte, die er gesprochen — die Gedanken, die der Baum in ihm erregte — sollte sein Gewissen erwachen? Heiliger Gott, wenn mein Vater den armen Albert —!"

Sie bedeckte das Gesicht mit den Händen.

In der Natur herrschte augenblickliche Ruhe. Der Regen hatte aufgehört. Frische und Kühle entströmten dem Garten. Louise zog ihr Taschenbuch hervor und schrieb mit dem Stifte:

„Nenne mir Deinen Mörder, armer Albert, ich muß ihn kennen, das Glück meiner Seele hängt davon ab. Diesen Abend in der Dämmerung kommt zur Weide — Dein treues Mädchen."

Sie riß das Blatt aus, faltete es flüchtig und übergab es dem Baume.

Ein eisiger Frost durchbebte ihre Glieder. Noch einmal sah sie wehmüthig die Weide an, dann verließ sie den Garten. Sie erreichte das elterliche Haus. Kaum hatte sie sich umgekleidet, als Grete erschien. Die schreckliche Magd erzählte den Unfall ihrer Herrin, und forderte Fräulein Gerold im Namen der Mutter auf, sogleich hinüberzukommen. Die erschreckte Louise zögerte nicht, sie begleitete die Magd. Als sie in das Zimmer trat, kam ihr die Mutter entgegen.

„Louise, Du bleibst hier. Die Mama ist krank."

„Ich weiß schon Alles."

„Wer hat es Dir gesagt?"

„Grete."

„Desto besser. Mädchen, wie siehst Du aus?"

„Der Spaziergang hat mir wohlgethan; ängstige Dich nur nicht, Mutter, ich kann schon bei der Kranken wachen."

„Du weißt, um was es sich handelt; benimm Dich klug — mehr sage ich Dir nicht."

Und Frau Gerold ging hinüber, um nach der Wirthschaft zu sehen.

Louise trat leise in das Schlafzimmer. Meta Wiprecht erwachte bald aus einem unruhigen Schlummer.

„Mein Kind!" flüsterte sie lächelnd, indem sie die Hand ausstreckte. „O wie schön, daß Du gekommen bist! Ich habe Unglück gehabt."

„Leider! Empfinden Sie Schmerzen?"

„Nein."

„Gott sei Dank!"

„Aber ich möchte doch ein Wort mit Dir sprechen."

„Was ist es denn?"

„Setze Dich zu mir — hier auf das Bett. Richte mich zuvor auf."

Meta Wiprecht saß aufrecht. Louise nahm auf dem Rande des Bettes Platz. Es schien der Alten schwer zu werden, das zu sagen, was sie auf dem Herzen hatte.

„Vielleicht muß ich doch sterben," begann sie. „Wer so alt ist wie ich, hat auf langes Leben nicht mehr zu rechnen.

„Louise, Du bist meine Pathe. — Ich will für Dich sorgen — da ist der junge Rose, Du kennst ihn — ein hübscher, ein gebildeter Mann — den sollst Du heirathen."

„Sprechen Sie doch nicht von solchen Dingen!" rief das Mädchen verwirrt.

„Warum nicht, mein Kind?"

„Nein, nein; ich denke noch nicht an's Heiraten, denn ich bin viel zu jung."

„Du thust mir einen Gefallen, wenn Du die Partie nicht von der Hand weisest. Ich habe einen ganzen Plan entworfen, der zu Stande kommen muß. Auch Deine Mutter billigt ihn. Du bringst Georg Rosen einen Theil meines Vermögens zu."

Die Alte sprach so gleichgültig über diese ernste Sache, als ob sie einen geringfügigen Kauf, einen Miethskontrakt abschlösse.

Nun ließ sie sich die Brille reichen. Dann holte sie einen Schlüssel aus dem Täschchen auf der Brust.

„Louise, ich vertraue Dir, wie mir selbst. Oeffne meinen Sekretär und hole mir das schwarze Buch, das im unter= sten Kasten rechts liegt!"

Es geschah. Louise kam mit dem Buche zurück.

„Hast Du auch," fragte die Kranke, „den Sekretär gut verschlossen?"

Louise versicherte es.

Meta Wiprecht öffnete das dicke Buch. Ihre mit hohen Adern bedeckten Hände zitterten heftig. Die Alte sah wider= wärtig aus. Ueber dem Tuche, das die Stirn umwand, saß die dicke Hornbrille. Den Kopf hüllte eine Haube mit brei= ten Spitzen ein. Das plumpe Gesicht, das sich zwischen diesen Spitzen zeigte, überzog eine eigenthümliche Blässe. Und dieses klassische Haupt der Dame bebte, als ob die

Altersschwäche sich plötzlich geltend gemacht hätte. Diese Erscheinung hatte Louise bis jetzt nicht bemerkt. Sollte sie die Folge des unglücklichen Falles sein?

„Meine Augen werden schon recht schwach!" meinte Meta. „Die Buchstaben tanzen wirr durcheinander wie Spinnen. Das abscheuliche Gewürm — Louise, ich kann die Spinnen nicht leiden, vorzüglich die großen mit den langen Beinen, die sich an unsichtbaren Fäden von der Decke herablassen. Diese abscheulichen Thiere — hu, mich friert, wenn ich daran denke!"

Und sie schauerte wirklich zusammen wie von Frost geschüttelt. Es schien, als ob sie noch bleicher geworden wäre, als ob bläuliche Tinte ihr Gesicht durchzöge.

„Mama," rief erschreckt das junge Mädchen, „Sie fühlen sich doch nicht unwohl?"

„Nein, mir ist ganz leicht."

„Aber Sie zittern so heftig —"

„Die schrecklichen Spinnen!"

„Es gibt hier keine Spinnen."

„Und doch, und doch! Louise, siehst Du?"

„Was denn, Mama?"

„Dort, von der Decke läßt sich ein schwarzes Thier herab."

Die Alte zeigte mit dem Finger vor sich auf das Bett.

„Ich sehe nichts, Mama!"

„Und doch. Ich sehe das gräuliche Thier."

„Wo denn?"

Meta saß erstarrt vor Entsetzen.

„Jetzt kommt es!" flüsterte sie. „So, nun sitzt es
auf der Decke, das ist ein Unglücksthier! Ich darf es nicht
tödten — Es hebt sich wieder — da fällt es auf das blutige Gesicht — es kriecht auf das schwarze Buch — die
langen, langen Beine —"

Frau Wiprecht bog sich zurück; ihrer Hand entsank
das Buch, das mit Papieren angefüllt war. Sie stöhnte,
als ob ein Krampf ihr die Brust zusammenschnürte. Nun
schlug sie mit den Händen um sich, von Todesängsten gefoltert.

„Ich sehe kein Thier!" rief entsetzt Louise. „Mama,
fassen Sie sich doch! Ich bin bei Ihnen — leidet denn Ihr
Kopf?"

Meta antwortete nicht; sie lag einige Minuten still in
den Kissen; ihre geschwollenen Augenlider hatten sich geschlossen. Starrkrampfartig hielt sie die Finger ausgestreckt.

„Mein Gott, was beginne ich denn?" schluchzte Louise.
„Wenn sie nur nicht gestorben ist! Ich werde die Mutter
rufen —"

Sie wartete noch; ein Gedanke hielt sie ab, den Entschluß auszuführen, der Gedanke an das Buch.

Die Erbschleicherei konnte hier den Charakter eines
gemeinen Diebstahls annehmen. Louise kannte den Geiz und
die Habsucht der Mutter. Es waren ja noch arme Verwandte der alten Wiprecht vorhanden und diese zu berauben
sträubte sich das Ehrgefühl des jungen Mädchens. Aus der
Zögerung der Alten, die Testirung zu vollziehen, hatte sie
längst erkannt, daß diese nur gezwungen sich den Forderungen der Mutter fügte.

Die Kranke hatte sich erholt. Die schreckliche Vision, die sie gequält, war vorüber. Es kam wieder Leben in ihre erstarrten Glieder. Verwundert sah sie um sich.

„Gott sei Dank!" rief Louise. „Sie waren in einer Sinnestäuschung befangen, Mama; es ist nichts vorhanden, das Sie erschrecken könnte. Fassen Sie sich und ordnen Sie, was nöthig ist; ich schwöre Ihnen, daß ich jedem Ihrer Wünsche pünktlich nachkomme. Vertrauen Sie sich mir nur an, auf meine Verschwiegenheit können Sie zählen. Sie bedürfen ja einer zuverlässigen Person."

Frau Wiprecht nickte beistimmend mit dem Kopfe.

„Es ist wahr!" flüsterte sie. „Und Du bist ein gutes Kind. Deine Mutter verlangt zu viel — Ich habe ja auch andere Leute zu bedenken. Was ich irgend für sie thun kann, thue ich. Meine Augen sind doch recht schwach geworden — ich kann selbst mit der Brille nicht lesen. Was steht auf diesem Papier?"

Louise las:

„Für meinen Schwager!"

Die Kranke legte das Papier bei Seite.

„Und auf diesem?"

„Für Louise."

„Das ist das rechte."

„Für mich?"

„Für wen sonst? Behalte es; mache damit, was Du willst. Ich schenke es Dir; es kommt von Deiner Pathe."

Louise verbarg das Papier.

„Wenn ich nur wüßte, ob ich sterben müßte?" fragte die Kranke.

„Warum denn, Mama?"

„Es wäre traurig, wenn ich von hinnen führe, ohne Ordnung gemacht zu haben. O, ich fürchte mich vor dem Tode nicht, aber ich habe das Leben zu lieb. Dich, mein Kind, möchte ich gern ganz glücklich wissen. Darum heirathe den jungen Rose — ich gebe Dir eine schöne Aussteuer."

„Wie steht es mit Albert, Mama?" fragte Louise zitternd.

„Albert?"

„Ihr einziger Bruder hat ihn als Sohn angenommen."

„Beide sind todt. Albert hat nie für mich gelebt. Weine doch nicht, mein Kind. Wenn Du für mich betest, schenkt mir Gott das Leben noch eine kurze Frist. Und ich will es gut anwenden, wahrhaftig, das kannst Du glauben. Bete doch!" rief sie ängstlich.

Sie hatte die zitternden Hände gefaltet.

Auch Louise betete; sie dachte dabei an Albert. Das krankhaft gereizte Mädchen litt unbeschreibliche Qualen.

„Geh'!" rief plötzlich die Alte.

„Wohin?"

„Rufe meinen Schwager."

„Wo finde ich ihn?"

„Frage nach Franz Wiprecht, dem alten Maurergesellen. Geh' doch!"

„Gern."

„Er soll sogleich kommen."

„Wo soll ich denn fragen?"

„Nein, er soll nicht kommen; aber Du mußt zu ihm

gehen. Ja, so ist's besser — ich hatte meine Gedanken nicht beisammen — gehe nach dem Wasserthore in das Haus Nummer Sieben — dort wohnt Franz Wiprecht bei einer alten Frau — aber gehe in der Abenddämmerung — es soll Dich Niemand sehen — nimm aus dem Kasten meines Sekretärs fünfzig Thaler Papiergeld — das bringe dem Franz; aber sage ihm Nichts von dem Falle und der Krankheit — ich will keine Besuche — der Arzt hat Ruhe anbefohlen —"

„Wie ist es mit dem Papiere für Ihren Schwager?"

„Das behalte ich noch; ich muß es noch behalten."

Sie legte das schwarze Buch unter das Rückenkissen. Louise holte das Geld — sie war erstaunt über die große Summe der Banknoten, die sie in dem Kasten sah — zeigte es und gab den Schlüssel zurück, den die Alte in dem Brusttäschchen verbarg. Alle diese Verrichtungen nahmen nur einige Minuten in Anspruch. Die Kranke war erschöpft; sie verblieb nun ruhig. Louise saß am Bette; das, was geschehen, kam ihr wie ein Traum vor. Sie fühlte das Papier und das Geld, das sie in der Tasche ihres Kleides trug. Vor ihr lag die Kranke, die eingeschlummert war. Sie selbst war so angegriffen, daß sie nur mühsam den Schlummer verscheuchen konnte, der sich ihrer zu bemächtigen drohte.

Da kam Frau Gerold; sie schlich auf den Zehen in die Kammer.

„Wie steht's?" flüsterte sie. „Hat Mama immer geschlafen?"

„Ja!"

„Gehe hinüber, ich werde wachen. Du kannst mit dem Vater essen."

Louise ging. Mechanisch, ohne zu denken, erreichte sie ihr Stübchen. Hier verschloß sie das Geld und das Papier, ohne es eines Blickes zu würdigen. Geld und Gut hatten keinen Werth mehr für sie. Eine Magd rief zu Tische. Meister Gerold erwartete die Tochter in dem Wohnzimmer; er wußte schon, wo die Gattin sich befand. Das Mahl ward schweigend eingenommen.

„Bist Du krank, Mädchen?" fragte der Vater, als er sich entfernen wollte.

„Nein."

„Wo ist Dein Appetit, wo ist Dein Frohsinn?"

„Ich fürchte für Dich, Vater —"

„Warum?"

„Du bist nicht mehr derselbe —"

„Ja, die Geschäftssorgen!" rief der Meister. „Sie wachsen mir fast über den Kopf. Die Zeiten sind schlecht, viele Aufträge werden zurückgenommen."

„Vater, das seltsame Verschwinden Deines besten Gesellen macht Dir auch wohl Sorgen?"

Das junge Mädchen hatte diese Frage gewaltsam herausgepreßt.

Des Meisters Gesicht legte sich in düstere Falten.

„Was kümmert mich der leichtsinnige Patron?" rief er zornig. „Ich mag nicht an ihn denken, er hat mein Vertrauen getäuscht —"

„Wie denn, Vater?"

„Frage nicht!" donnerte Gerold. „Ich kann nicht über meine Gesellen wachen."

„Er soll tobt sein."

„Wer sagt das?" fragte der Meister, und seine Stimme bebte.

„Ich habe es als Gerücht gehört."

„Hat man ihn aufgefunden?"

„Das weiß ich nicht."

„Nun, so mag man auf der Fabrik suchen, wohin ich ihn geschickt habe."

Der Meister verließ das Zimmer. Er schlug so heftig die Thür hinter sich zu, daß das Haus erbebte.

Louise brach in Thränen aus. Sie hatte zu gut begriffen, daß des Vaters Gewissen nicht frei sei von Schuld. Und die Mutter saß an dem Bette eines alten Weibes, um sich der Erbschaft zu versichern. Der Nachmittag verfloß langsam und traurig. Als der Abend zu dämmern begann, nahm Louise Mantel und Hut, eingedenk des Versprechens, das sie der Kranken gegeben. Sie ging noch einmal in das Haus gegenüber. Frau Wiprecht unterhielt sich mit Frau Gerold über das Wiedersehen nach dem Tode.

„Bleibe einen Augenblick!" sagte die Mutter. „Ich habe mit Greten zu sprechen.

Louise war mit der Kranken allein.

„Gehst Du nach dem Wasserthore, mein Kind?"

„Ja."

„Der Himmel wird es Dir segnen. Bringe ja meinem Schwager das Geld."

Das junge Mädchen versicherte es.

„Sage dem Franz, ich schicke ihm das Geld gern."

Frau Gerold kam zurück. Dann entfernte sich Louise, vorgebend, einen Gang durch die frische Luft zu machen. Das Wasserthor, eine kleine Straße, in der Nähe des Gartens, war bald erreicht. Acht bis zehn Häuser, die auf einer Seite standen, bildeten diese Straße. Der Häuserreihe gegenüber floß ein Bach, der die Straße von einem großen Bleichplatze trennte. Die weißen Leinwandstücke, die von Weibern bewacht wurden, schimmerten hell durch die Dämmerung, die noch erlaubte, die Mauern zu erkennen. Das mit „sieben" bezeichnete Haus war ein altes großes Gebäude, schwarz und dem Anscheine nach baufällig. Es ward von armen Arbeiterfamilien bewohnt. Die Thür desselben stand offen. Louise hatte kaum den Muth, die schwarze Höhle zu betreten, aus der ein Dunst quoll, der den Wohnungen der Armuth eigen ist. Sie sah sich um, ob nicht eine Person käme, die sie fragen konnte. In der Straße regte sich nichts; aber in dem leicht gebauten Hause hörte man einzelne Stimmen, die ein lebhaftes Gespräch führten. Wüstes Lachen mischte sich darein.

Da ließen sich plötzlich Schritte in dem Innern des Hauses vernehmen. Ein Mann trat heraus. Louise wandte sich rasch mit der Frage an ihn:

„Können Sie mir sagen, mein Herr, ob hier der Maurer Franz Wiprecht wohnt?"

Nun erschrak sie. Der Gefragte schien ihr derselbe Mann zu sein, dessen Gespräch mit dem Vater sie belauscht hatte. Es war wirklich Fritz Blei, der seine Wohnung verließ, um den Abend in einem Wirthshause zu verbringen. Er kannte die Tochter des Zimmermeisters nicht.

„Franz Wiprecht wohnt hier!" antwortete er. „Steigen Sie drei Treppen hinan, wenden Sie sich rechts und klopfen Sie links an die erste Thür."

„Danke, mein Herr!"

„Sie treffen den Alten an, mein Fräulein. Er ist mein Freund und Hausgenosse — sonst ein braver Kerl, wenn auch arm."

Louise war schon in dem Hause verschwunden.

„Hagel und Wetter!" murmelte Fritz. „Ein vornehmes Dämchen sucht den Maurergesellen auf, der keine Arbeit fin= den kann — der alte Spitzbube muß doch wohl mit der Wiprecht verwandt sein, die mit Frau Gerold auf vertrau= tem Fuße lebt. Wer anders als sie sollte sich um den Hun= gerleiber kümmern? Könnte ich nur horchen — das geht leider nicht, da Franz's Kammer an bewohnte Zimmer grenzt. Thut Nichts, ich werde schon dahinter kommen."

Er brachte die dem Erlöschen nahe Zigarre in Brand und ging weiter.

Louise verfolgte den angedeuteten Weg. Sie erstieg drei Treppen, wandte sich rechts und klopfte an die Thür links, die sich in der matten Dämmerung noch unterscheiden ließ. Die alte Frau, die öffnete, trug eine brennende Blechlampe in der Hand. Sie antwortete auf des Mädchens Frage, daß Franz Wiprecht zu sprechen sei. Dienstfertig führte sie Loui= sen durch eine kleine Küche in ein Kämmerchen, das außer dem Bette nur noch einen Stuhl und einen Tisch enthielt. Franz saß auf dem Bette und schmauchte gemüthlich sein Abendpfeifchen. Auf dem Tische brannte ein Talglicht. Es sah recht ärmlich aus bei dem alten Maurergesellen, der

verwundert die junge Dame anblickte. Die Wirthin hatte sich
zurückzogen. Louise war erstaunt über das ehrwürdige Gesicht
des Bewohners der Kammer. Sein von keiner Mütze bedeck-
tes Haupt zeigte schneeweißes krauses Haar. Der kurze Bart
war weiß wie das Haar. Der Greis trug eine Jacke von
blauer Wolle, gelbe Nankinhosen und große Filzschuhe. Ein
Kattuntuch von unbestimmter Farbe umschlang den Hals.
Wartend auf das, was die Dame sagen wolle, saß er da;
die Pfeife hielt er in der Hand.

„Ich suche Herrn Franz Wiprecht.“

„Der bin ich, Fräulein.“

„Errathen Sie wohl, wer mich zu Ihnen sendet?“

„Das kann nicht schwer sein, da ich nur eine Person
in der Stadt kenne, die sich für mich interessirt. Die Witwe
meines Bruders, Frau Wiprecht —“

„So ist es!“

„Sie wenden Vorsicht an, da Sie mich noch nicht gesehen haben — das ist recht. Nehmen Sie doch Platz; ich
kann Ihnen nur den alten Stuhl anbieten, aber er ist rein-
lich und fest. Bitte, nehmen Sie Platz.“

Louise ließ sich nieder; sie saß dem Greise gegenüber.

„Frau Wiprecht sendet Ihnen einiges Geld — hier
ist es.“

Sie legte die Banknoten auf den Tisch.

„Durch Sie!“ sagte gerührt der Alte. „Ich hätte ja
zu ihr gehen können — leider bin ich einige Zeit krank gewesen; heute ist's besser mit mir, das Pfeifchen schmeckt
wieder. Danke, danke! Wer ist denn die holde Ueberbrin-
gerin —“

„Ich bin die Tochter des Zimmermeisters Gerold und Frau Wiprecht ist die Freundin meiner Mutter.“

Der Greis war sehr ernst geworden.

„Gerold, Gerold!“ murmelte er. „Und Sie, Sie kommen zu mir?“

Der Ton, in dem diese Frage gestellt wurde, verrieth daß Franz nicht die beste Meinung hatte von Meister Gerold, daß er das Verhältniß desselben zu seiner Schwägerin kennen mußte. Louise senkte verwirrt die Augen, sie fühlte eine brennende Hitze auf Stirn und Wangen. Ihr Rechtlichkeitsgefühl rief die Scham wach bei dem Gedanken: die Mutter bietet Alles auf, um diesen armen Greis zu bevortheilen. Sie wußte ja, daß Frau Wiprecht heimlich die Unterstützung übersandte, ohne Zweifel aus Furcht vor der Mutter, die großen Einfluß auf die Witwe ausübte.

„Frau Wiprecht hat mir ihr ganzes Vertrauen geschenkt — da sie nicht will, daß ihre Handlungen bekannt werden —“

„O, wie großmüthig!“ rief der Alte bitter. „Sollen die Banknoten ein Almosen sein? Dann, Fräulein Gerold, nehmen Sie das Geld wieder an sich, ich behalte es nicht. Habe ich etwa gebettelt bei meiner Schwägerin?“

„Mißdeuten Sie meine Sendung nicht, lieber Herr — Frau Wiprecht spricht mit warmer Theilnahme von Ihnen —“

„Spricht sie?“ wiederholte der Alte. „Ich will es glauben; aber daß gerade Sie mir das Geld bringen, Sie, die Tochter des Zimmermeisters —“

Er sah das junge Mädchen lange an.

„Warum weinen Sie denn?"

Louise sprach von einem Manne, der ihr vor der Haus=
thür begegnet sei und der ihn, den Franz Wiprecht, als
Freund und Hausgenosse bezeichnet habe. Sie beschrieb sein
Aussehen näher.

„Ah, Fritz Blei! Ja, er ist mein Freund."

„Hüten Sie sich vor ihm!"

„Fritz hat mich unterstützt; er führt ein loderes Leben,
aber er ist gut."

„Sie täuschen sich!" rief Louise erregt. „Wenn Sie
der Schwager der Frau Wiprecht sind, so müssen Sie auch
Andreas Brand gekannt haben."

„Wohl habe ich Den gekannt; er ist todt!" sagte Franz
wehmüthig. „Sein Pflegesohn ist auf räthselhafte Weise ver=
schwunden —"

„Durch diesen Fritz!" versicherte Louise.

„O, Fräulein Gerold, Sie sprechen da Dinge —"

„Lieber Herr Wiprecht, Ihr greises Haupt, Ihr offenes
und ehrliches Gesicht, Ihre Sprache — Alles flößt mir ein
unbedingtes Vertrauen zu Ihnen ein."

„Das ist mir lieb. Ich kann auch nicht hinter dem
Berge halten — und darum sage ich Ihnen, daß Sie mir
gefallen."

„Beurtheilen Sie Ihre Schwägerin nicht so streng; sie
ist alt und im Alter hat man wunderliche Launen. Frau
Wiprecht, ich weiß es, wird Sie nicht verlassen. Sie hat für
Sie gesorgt — behalten Sie die Unterstützung, die Ihnen
gebührt —"

Franz ergriff die Hand Louisens und sah ihr in das Gesicht.

„Hat Ihnen das Meta gesagt?"

„Nein; aber ich weiß es. Aus Ihren Worten muß ich schließen, daß Sie gereizt sind — ach, ich möchte so gern vermitteln — und darum bitte ich Sie: hören Sie nicht auf die Worte jenes Mannes, der unter der Freundlichkeit ein tückisches Herz verbirgt. Sie müssen sich mit Frau Wiprecht vollkommen aussöhnen — ich bewirke es."

Der Greis wiegte wehmüthig sein Haupt.

„Das möchte ich schon!" murmelte er dabei. „Ich habe ja keine verwandte Seele auf dieser Erde, außer Meta. Ach, lebte nur Brand noch!"

Nach einer Pause rief er emporfahrend aus:

„Hätte ich nur die Ueberzeugung, daß ich Ihnen ganz und gar trauen könnte!"

„Trauen Sie mir nur!"

„Beweise! Beweise! Ich habe sehr traurige Erfahrungen gemacht — sogar mein eigener Bruder, Meta's verstorbener Mann, ist nicht aufrichtig gegen mich gewesen. Der schreckliche Teufel, der Eigennutz, hatte ihn verblendet."

„Gut, ich will Beweise liefern," sagte Louise hastig. „Frau Wiprecht ist meine Pathe; da hat sie mir ein Kapital von zehntausend Thalern geschenkt — hier ist die Anweisung — ich mag das Geld nicht, da es mir nicht gebührt — Sie sind der rechtmäßige Erbe — nehmen Sie und behalten Sie es!"

Sie drückte das Papier dem Alten in die Hand.

Dieser prüfte es mit sichtlichem Erstaunen.

„Von dem Gerichte bestätigt — Vorzeiger erhält zehn=
tausend Thaler von der Erbschaftsmasse! Und Sie, Fräulein,
wollen das Geld nicht erheben?"

„Weil ich es nicht brauche. Lebte Albert noch, der
Pflegesohn Brand's, dann hätte ich es ihm gegeben — Nun
sind Sie da — behalten Sie es. Ich fordere dagegen nur
das Versprechen: lassen Sie Ihre wunderliche Schwägerin
und ziehen Sie sich von dem Manne zurück, der mir den
Weg zu Ihnen gezeigt hat. Ich komme schon wieder, ich be=
suche Sie! Aber jetzt muß ich fort — es ist fast dunkel,
und ich habe noch einen Weg zu gehen. Auf Wiedersehen,
Herr Wiprecht. — Vertrauen Sie mir nur, Sie kön=
nen es!"

Louise verließ rasch das Kämmerchen.

„Ein seltsames Mädchen," dachte der Greis. „Wie
bleich es aussah und wie es zitterte. Der Besuch hat etwas
zu bedeuten. Und hier sind zehntausend Thaler! Immerhin,
ich bleibe vor der Hand in meinem Kämmerchen — Fritz
Blei — er kommt mir wohl verdächtig vor — stets hat er
Geld, stets lebt er gut, ohne zu arbeiten. — Den Pflege=
sohn Brand's soll er haben verschwinden lassen — aufge=
paßt, Franz! Wer weiß, was Dir vorbehalten ist! O, wie
gut ist es, daß ich dem Manne meine Verhältnisse nicht ganz
eröffnet habe! Ach, es gibt keinen wahren Freund mehr in
der Welt. Darum will ich nur auf mich selbst bauen. —
Da liegt Geld, viel Geld; aber ich werde doch arm
bleiben."

Franz verbarg seine Papiere in dem Bette, da ihm ein
geeigneter Aufbewahrungsort fehlte. Die arme Witwe, der er

einen geringen Miethzins zahlte, konnte eine bequemere Woh=
nung nicht herstellen.

Es war schon dunkel, als Louise bei den Gärten an=
kam. Die Sterne blinkten freundlich von dem schwarzen Him=
mel herab und schufen eine Art milden Scheins, der dem
Auge erlaubte, alle Gegenstände, die nicht zu fern, zu unter=
scheiden. Louise erschrak über die Stille, die rings herrschte.
Sie blieb stehen. Sollte sie weitergehen? Zwei Gründe trie=
ben sie dazu an; sie wollte die Antwort auf ihren letzten
Brief haben und ein Papier dem Baume anvertrauen. So
setzte sie denn, wenn auch angsterfüllt, den Weg fort.

Sie erreichte das Ziel, öffnete die Gitterthür und betrat
den Garten, den sie um diese Zeit nie gesehen hatte. Bäume
und Gesträuche bildeten dunkle phantastische Gestalten. Das
Leben, das bei Tage den Garten erfüllte, war erloschen. Kein
Vogel sang, kein Käfer summte. Nur die Blumen dufteter,
erfrischt von dem Regen. Der süße Geruch der Nachtviolen
durchzog die Wege.

Louise kam bei der Weide in. Ihr Herz klopfte fühl=
bar. Die hellgraue Borke des alten Baumes schimmerte durch
die Dunkelheit, er zeichnete sich deutlich ab von den grünen
Nachbarn.

„Gott sei Dank!" dachte das ängstliche Mädchen. „Man
hat die Weide noch nicht abgehauen."

Das war ein Trost. Vielleicht dachte der Vater nicht
mehr an den Vorsatz, den er im Rausche gefaßt. Die arme
Braut überlegte nicht lange; sie trat keck heran und holte ein
Papier aus der Weide. Da hatte sie die Antwort. Sie
überlegte. Sollte sie ihr Briefchen hineinwerfen, ohne die

Antwort gelesen zu haben? Wie aber konnte sie in der Nacht lesen? Noch einmal denselben Weg machen, schien ihr un= möglich, und anzeigen wollte sie doch, daß die Weide in Ge= fahr stände; sie hatte selbst einen andern Ort für den Fall genau bezeichnet, daß die Axt den Baum zertrümmern würde. Morgen, bei Sonnenschein, konnte sie zurückkehren und die Antwort in Empfang nehmen. Das war eine Zeitersparniß für ihre Sehnsucht. Sie nahm das Briefchen aus der Tasche und legte es in die Weide.

„Mein Gott! Mein Gott!" rief sie erschreckt.

Deutlich fühlte sie, daß sie eine kalte Hand berührt hatte. —

Es konnte nur die Hand Albert's sein.

Louise wäre fast zu Boden gesunken.

Aengstlich lauschte sie; es ließ sich kein Geräusch hören.

„Und doch! Und doch!" flüsterte sie. „Ich habe mich nicht getäuscht."

Der kalte Schweiß trat ihr auf die Stirn; sie zitterte am ganzen Körper.

„Soll ich mich vor ihm fürchten, den ich liebe?" dachte sie. „Ich habe ja auf der Erde nichts zu verlieren. Wenn er mich nachholen will, in Gottes Namen — hier bin ich, Albert, nimm mich hin!"

Da rauschte es dumpf und hohl in dem Baume. Es war ein eigenes, geheimnißvolles Rauschen, das aus der Wur= zel bis zur Krone zu steigen schien.

Nun war es wieder still.

Die Gedanken Louisens verwirrten sich.

„Deine Hand, Albert, Deine Hand; ich will sie drücken!

Das treue Mädchen kennt keine Furcht! Gieb mir doch ein Zeichen, daß Du da bist!"

Und wiederum rauschte es. Die Zweige zitterten, wie von einem Lufthauche angeregt — das Zittern ging durch alle Blätter des grünen Zaunes. Louise empfand es mehr, als daß sie es hörte.

Wer ihr Gesicht in diesem Augenblicke hätte sehen kön= nen, würde die traurige Wahrnahme gemacht haben, daß sich ein wahnwitziges Lächeln in den schönen Zügen ausprägte.

„Die Mutter hat oft gesagt," flüsterte sie vor sich hin, „daß Gott sich durch Wunder offenbare — daß die Geister unter sich in Verbindung stehen — und wir, Albert und ich, wir lieben uns ja so innig."

Sie brachte rasch die Hand in den Baum.

Das Briefchen war schon verschwunden. Aber ein Pa= pier, in Form eines Pakets machte sich fühlbar.

Louise nahm es.

„Kann ich nun gehen?" fragte sie laut. „Oder soll ich bleiben?"

Es erfolgte keine Antwort.

Rings blieb es still wie in einem Gotteshause.

„Ich komme morgen wieder!"

Sie verließ den Garten und schloß die Thür. Hastig eilte sie nach Hause. Athemlos betrat sie ihr Stübchen, ohne von einer Person gesehen zu werden. Bei dem Scheine der Kerze, die sie angezündet hatte, öffnete sie das kleine Packet. Sie fand einen einfachen Goldring, der mit einem wunder= voll blitzenden Steine geschmückt war. Blaue, rothe und grüne Strahlen schossen aus diesem Steine hervor. Aehnliches hatte Louise nie gesehen.

Die Bedeutung des Geschenks aber paralysirte jedes andere Gefühl. Sie betrachtete ihn lange und schob ihn dann an den Finger. Ein eigenes Gefühl durchschauerte ihren Körper — sie war die Braut eines Verstorbenen!

Nun las sie den Brief.

„Ich komme bald, Louise; der Ring, den Du findest, ist unser Verlobungsring — trage ihn mir zu Liebe. Sende auch Du mir den Deinigen — morgen erwarte ich ihn. Meinen Mörder kann ich Dir nicht nennen, Gott wird ihn bestrafen. Ich lebe, ich lebe für Dich! Albert.“

„Er lebt!“ rief Louise. „Welches Leben meint er?“

Sie konnte nicht weiter nachdenken; ein Fieber hatte sich ihrer bemächtigt. Noch einmal ging sie in das Wohnzimmer. Die Mutter war bei Frau Wiprecht; der Vater war noch nicht heimgekehrt. Wie gern hätte sie das Bett aufgesucht; um aber die Mutter nicht zu ängstigen, blieb sie auf, ließ sich auf dem Sofa nieder und schlief ein.

Spät ward sie von der Mutter geweckt und zu Bett gebracht.

Der Vater kam, schwer betrunken, gegen Mitternacht heim. Cölestine wagte nicht, dem Gatten Vorwürfe zu machen; des lieben Friedens willen schwieg sie und betete.

Louise hatte eine unruhige Nacht verbracht. Am nächsten Morgen las sie noch einmal Alberts Brief und nachdem sie alle Verhältnisse zusammengestellt hatte, kam sie zu dem Schlusse: er muß doch wohl noch leben, wenn auch unter eigenthümlichen Verhältnissen.

„Wie war er zu dem werthvollen Diamantringe gekommen? Er ist der Sohn einer reichen Familie!" rief sie.

Die Hoffnung gab ihr Kraft und Ruhe. Baute sie auch fest auf die Treue Alberts, so fürchtete sie doch zwingende Verhältnisse, die ihr Glück zerstören könnten. Still und traurig blieb sie in ihrem Zimmer.

Gegen Mittag ging sie in den Garten. Zu ihrem Entsetzen sah sie, daß die Weide gefällt war. Der Vater stand unter den Arbeitern. Er gab den Befehl, den zersplitterten Stamm fortzuschaffen. Die Arbeiter luden das Holz auf einen Karren und fuhren ab. Ein Gärtner schloß die Lücke, die durch die Entfernung des Baumes entstanden war. Ein Glück, daß Louise einen andern Ort bezeichnet hatte, der die Briefe aufnahm.

Auf dem Rückwege trat sie in den Laden eines Juweliers. Sie bestellte einen einfachen Goldring, der im Innern ihren Namen erhalten sollte. Als sie die Buchstaben auf ein Blatt Papier schrieb, sagte der Juwelier:

„Ei, mein Fräulein, Sie haben einen wundervollen Stein am Finger."

Er deutete auf den Ring Alberts, den Louise trug.

„Kostbar? Ist er kostbar?" fragte sie.

„Erlauben Sie mir einen Augenblick."

„Gern."

Sie überreichte dem Juwelier den Ring.

„Wahrlich," rief dieser aus, „einen solchen Diamant bekommt man selten zu Gesicht."

Er betrachtete ihn von allen Seiten, murmelnd:

„Das reinste Wasser! Vortrefflich geschliffen und gut gefaßt! Kennen Sie den Werth, mein Fräulein?"

„Nein, der Ring ist ein Geschenk. Wie hoch schätzen Sie ihn?"

Der Juwelier rechnete, dann antwortete er:

„Dreitausend Thaler! Der Liebhaber zahlt noch mehr."

Das Erstaunen des jungen Mädchens läßt sich denken. Zitternd nahm es den Ring zurück.

„Wann kann ich das Bestellte abholen?"

„Morgen Abend."

Und somit ging Louise.

„Wie ist Albert zu dem Ringe gekommen?" fragte sie sich.

Das Reale trat wieder in den Vordergrund. Louise mußte jedoch einige Tage das Zimmer hüten, da sie völlig abgespannt und im höchsten Grade erschöpft war.

———

Viertes Capitel.

Der alte Fischer.

Eine Stunde südlich von der Stadt liegen zwei Häuser am Ufer des Flusses, der zwischen flachen Ufern seine blaugrünlichen Wellen fortwälzt. Das eine derselben hat für uns wenig Interesse; es wird von einem Manne bewohnt, der durch eine Fähre die Verbindung der beiden Flußufer vermittelt, da eine Brücke nicht vorhanden ist. In dem andern, fünf Minuten von dem ersten entfernt, wohnt ein Fischer mit seiner Familie. Vater Gerlach, ein rüstiger Mann von siebenundfünfzig Jahren, ist als wohlhabend bekannt; er treibt einen starken Fischhandel nach der Stadt und liefert den Gutsbesitzern den Bedarf an Fischen.

Sein Haus, ein geräumiges und gut gehaltenes Gebäude, wird durch einen Garten von dem Flusse getrennt. Mehrere Kähne und aufgehangene Netze deuten an, daß der Mann sein Handwerk mit Eifer und Erfolg betreibt. Vater

Gerlach ist Witwer; sein Sohn Johannes aber ist verheiratet und drei kleine Kinder nennen den Alten Großvater. Gertrud, seine Schwiegertochter, eine muntere, frische und kerngesunde Bäuerin, besorgt die Wirthschaft.

Es war gegen Abend, als der Fährmann einen Reise= wagen von dem jenseitigen Ufer an das diesseitige brachte. Gerlach, der im Garten Netze zusammennahm, sah es.

„Der Nachbar hat heute Glück!" sagte er zu seiner Schwiegertochter.

„Ich gönne es ihm," fügte Gertrud hinzu, die dem Alten half. „Der Verkehr ist den ganzen Sommer schwach gewesen; es scheint fast, als ob Fremde unsere Gegend gar nicht mehr besuchen."

„Daran ist die Eisenbahn schuld, mein Kind. In näch= sten Jahre kann der Nachbar seine Fähre eingehen lassen."

„Vater!"

„Was gibt's?"

„Der Wagen fährt auf unser Haus zu."

Der Fischer legte die Hand über die Augen, da die untergehende Sonne blendete, und beobachtete den Weg, der von dem Fährhause nach dem Fischerhause führte.

„Wahrhaftig!" murmelte er.

„Und was für einen schönen Wagen ziehen die beiden Schimmel. Der Kutscher hat den unrechten Weg gewählt."

„Element, da fällt mir was ein! Der lange Bediente auf dem Bocke —"

„Ja, ein langer Mann sitzt bei dem Kutscher."

„Das wird Josef sein, mein Schwager."

„Der Kammerdiener?"

„Er will mich im Vorbeigehen befuchen. Gib Acht, fo wird es fein!"

Der Wagen rollte rafch heran und hielt an dem Zaune. Als Gerlach bei der Gitterthür ankam, ftand Jofef in feinem amaranthfarbenen Oberrocke fchon da.

„Gerlach!"

„Jofef!"

Diefe beiden Rufe ließen fich zu gleicher Zeit vernehmen. Die Männer umarmten fich.

„Komm' in's Haus, Schwager!"

„Nur auf fo lange, daß ich Deine Familie einmal fehe."

„Da ift Gertrud fchon, meine Schwiegertochter."

Und Jofef grüßte herzlich die Bäuerin.

„Ich glaube fchon," fagte fie, „der Vetter hätte uns ganz vergeffen."

„Sprecht nicht fo, Kinder! Der Kammerdiener eines großen Herrn kann nicht über einen Tag verfügen; er ift wie ein Sklave. Mein Herr ift in der Stadt; wir follten ihn mit dem Wagen erwarten — da wußte ich es fo zu drehen und zu wenden, daß ich hier auf ihn warten konnte. Hätte fich dies nicht zufällig getroffen, ich würde Euch noch lange nicht haben fehen können. So ift denn mein Wunfch erreicht. Vor fechs Jahren war ich das letzte Mal hier —"

„Wie die Zeit vergeht!" rief der Fifcher. „Lauf', Trude, fetze etwas auf den Tifch. Kannft auch eine Flafche aus dem Keller holen. Jofef foll mit mir anftoßen."

Die Frau eilte in das Haus. Die beiden Männer

setzten sich auf eine Bank, die der Thür gegenüber unter einer Linde stand.

„Es ist gut, daß Du gekommen bist," sagte der Fischer.

„Warum denn, Schwager? Hast Du was auf dem Herzen, so rücke heraus; Du weißt, ich helfe gern, wenn ich kann. Aber beeile Dich, denn mein Herr kann jeden Augenblick eintreffen."

„Ich brauche nur Deinen Rath, Schwager!"

„Der soll Dir werden."

„So höre denn: Du weißt, daß ich die Fischerei von dem Bruder Deines Herrn gepachtet habe. Mein Revier geht also bis in die Nähe der Zuckerfabrik. Vor einigen Tagen wollte ich jene Gegend ausfischen. Ich fuhr schon Früh den Strom hinauf. Nun will ich Dir eine kleine Sünde bekennen. Ich wußte, daß an jenem Tage der Teich im Garten abgelassen ward. Da entwischt denn mancher Karpfen, der eigentlich hätte bleiben sollen. Wer so viel Pacht bezahlt, als ich bezahlen muß, nimmt jeden Vortheil wahr. Ich lege also mit meinem Kahne vor dem Kanale an, der das Wasser aus dem Teiche in den Fluß führt. Die Oeffnung, die durch ein eisernes Gitter geschlossen ist, sieht aus wie eine Thür. Das Gitter ist so eng, daß die Fische nicht durchschlüpfen können. Ich schlug das alte verrostete Schloß mit einem Beile entzwei und spanne das große Grundnetz aus. Was nun kam, mußte in dieses Netz. Um neun Uhr sollte das Wasser anfangen zu laufen. Aber es blieb aus. Erst eine Stunde später ging's los, und zwar so heftig, daß ich Mühe hatte, meinen Kahn und das Netz zu halten. Eine wahre Sündfluth kam heraus. Der Fischmeister des Fürsten mußte das Teichwehr zu hoch gezogen haben. Na, dachte ich, wenn das eine halbe Stunde so fort geht, ist der schöne Teich leer. Eine Menge Karpfen fingen sich in meinem Netze. Ich hatte alle Hände voll zu thun, um die prächtigen Kerls in den Kahn zu bringen. Du verstehst mich doch recht, Schwager — die Fische wären in dem Kanal umgekommen, und ich dachte, es ist doch besser, du erhältst sie am Leben."

„Gewiß, Schwager," sagte Josef. „Jeder Mensch ist auf seinen Vortheil bedacht."

„Und für dieses Jahr hat der Intendant Reinhardt, dieser Spitzbube, mir einen höhern Pacht auferlegt. Was ich in meinem Reviere fange, gehört von Rechtswegen mir. Daß ich das Gitter aufgeschlagen habe —"

„Macht Dir wohl Sorgen?"

„Nein."

„Oder geht Dir der Intendant zu Leibe?"

„Auch das nicht. Es kommt noch ganz anders. Wie gesagt, da ich allein war, mußte ich wie ein Pferd arbeiten. Alle zehn Minuten war das Netz voll. Das Teichwehr mußte geborsten sein, denn ein vernünftiger Mensch kann so viel Wasser nicht herauslassen. So fing ich denn die Fische weg. Sehen konnte mich Niemand, da ich unter dichten Erlenzweigen hielt. Auf einmal kriegt mein Netz einen so gewaltigen Ruck, daß ich es kaum noch halten konnte. Ich ziehe es auf und finde —"

„Was?"

„Rathe einmal."

„Doch wohl nicht einen Menschen?"

11*

„Einen hübschen blutjungen Mann, der mit dem Strome in mein Netz geschossen war.“

„Todt?“

„Das wußte ich noch nicht. Ich zog ihn bei den Haaren in den Kahn. Da lag er leichenblaß, ohne sich zu regen. Er war vornehm gekleidet. Während ich ihn noch ansah, trieb der Strom meinen Kahn mitten auf den Fluß und immer weiter hinab. Ich rüttelte den Menschen, richte ihn auf und thue Alles, was ich kann. Dabei flog der Kahn immer den Fluß hinab. Als ich dort unten ankam, schlug der Ertrunkene die Augen auf. Ich brachte ihn in's Haus und zu Bett. Trudchen ließ es an nichts fehlen — eine halbe Stunde später sprach der Mensch, aber Dinge, von denen ich kein Wort verstand. Er hatte wohl Fieber. Dann schlief er bis gegen Abend. Nun fragte ich ihn; aber er verstand mich nicht, mit großen Augen starrte er mich an. Wenn er schlief, faselte er von einem Mörder und am andern Morgen, als mein Sohn Johannes an's Bett kam, rief er: „Das ist mein Mörder!“ Du kannst Dir denken, Josef, wie mir dabei zu Muthe war. Ich hatte die Gitterthür eingeschlagen, hatte die Karpfen weggefischt — o, wie bereute ich meine Dummheit. — Was sollte ich anfangen? Wenn ich die Geschichte der Obrigkeit anzeigte, durfte ich doch nichts verschweigen; und der Kranke rief, so oft Johannes kam: „Das ist mein Mörder!“ Wir redeten ihm zu, aber er blieb dabei. Hätte ich doch die verwünschten Karpfen fahren lassen! Johannes meinte, wir sollten nur einige Tage warten, daß die Krankheit gebrochen sei, dann würden wir von dem Kranken schon erfahren, was ihm begegnet wäre und es sei dann immer noch Zeit, Anzeige zu machen. Meine Sympathie, die ich anwendete, schlug auch ganz gut an; der Kranke wurde nicht schlechter, aber er sprach kein Wort mehr, als ob er die Sprache verloren hätte. So ist es bis zu diesem Augenblicke geblieben."

Josef hatte gespannt zugehört.

„Ehe ich entscheide," sagte er, „muß ich den Kranken sehen und sprechen."

„Du wirst kein Wort von ihm herausbringen, Schwager!" —

„Hält er den Johannes immer noch für seinen Mörder?"

„Mein Sohn ist den ganzen Tag nicht bei ihm gewesen, weil er unten auf dem Flusse fischt."

„Führe mich zu dem Fremden."

„Josef," sagte ernst der Fischer, „meine selige Frau war Deine Schwester — ich habe Dir mein Herz ausgeschüttet — wem sollte ich mich denn anvertrauen? Es ist ein Glück, daß Du gekommen bist! Aber nicht wahr, Du wirst diese Karpfengeschichte nicht wiedererzählen, wirst mir sagen, wie ich den Menschen los werde, den ich aus purer Barmherzigkeit in den Kahn gezogen habe. Hätte ich ihn schwimmen lassen, wäre abgefahren und hätte keinem Menschen ein Wort gesagt —"

„Du hast als Christ gehandelt, Schwager. Die Karpfengeschichte, die Dir so große Sorgen macht, ist Nebensache. Hättest Du das Gitter nicht aufgeschlagen, so wäre der arme Mensch im Kanale umgekommen."

„Das ist wahr!" rief Gerlach, seine Mardermütze rückend.

„Und wärst Du mit Deinem Kahne nicht dagewesen, so hätte der Unglückliche im Flusse vollends ertrinken müssen, wenn er aus dem Gitter herausgekommen wäre."

Der Fischer erfaßte beide Schultern seines langen Schwagers.

„An diese Dinge habe ich bei meiner armen Seele nicht gedacht!" rief er vergnügt. „Du nimmst mir einen schweren Stein vom Herzen! Ja, so wäre es gekommen! So mußte es kommen, wenn ich nicht dagewesen wäre! Ich habe also wirklich ein gutes Werk vollbracht?"

„Das hast Du, Niemand kann das Gegentheil behaupten."

„Sieh', Josef, ich habe mich über die schönen Karpfen nicht freuen können, die dort in dem Behälter liegen. Vorhin, als ich so allein arbeitete, fragte ich mich: warum hat man so viel Wasser aus dem Teiche gelassen? Das war gar nicht nöthig, um einmal aufzuräumen —"

„Gewiß! Doch nun führe mich."

„Komm, Schwager! Welch ein Glück ist es, daß Du mich besuchst! Du wirst mir schon sagen, wie ich mich mit Ehren herauswickle. Durch die Karpfengeschichte ist ein Menschenleben gerettet."

„Das ist wahr!"

Beide gingen über die Hausflur, die mit Fischergeräthschaften angefüllt war. In der Küche, deren Thür geöffnet, brannte ein großes Feuer.

Trudchen, die beschäftigte Hausfrau, rief den Männern nach:

„Bleibt nicht so lange, ich siede einen prächtigen Karpfen."

„Recht so, Trude! Bewirthe den Schwager so gut Du kannst! Vergiß den Wein nicht.“

„Er steht schon auf dem Tische!“ rief die Frau aus der Küche.

Die Männer erreichten den schmalen Vorsaal des ersten Stockes.

„Ich habe den Kranken in die Giebelstube gebracht, wo ein gutes Bett steht. Ueberzeuge Dich, daß es ihm an nichts gefehlt hat. Wenn er nicht mit dem Leben davonkommt, so trage ich die Schuld nicht.“

Gerlach hatte leise die Thür geöffnet. Das Stübchen, einfach eingerichtet, war überaus freundlich. Die rothen Strahlen der untergehenden Sonne fielen durch das Fenster, das halb von Weinblättern bedeckt ward. Dem Fenster gegenüber stand ein altmodisches Himmelbett mit einem Vorhange von blaukarrirter Leinwand. Diesen Vorhang zog Gerlach zurück.

Ein bleicher junger Mann saß halb aufrecht in den Kissen.

„Herr Albert!“ rief Josef bestürzt.

Es war Albert. Düstern Blickes starrte er den Bedienten an. Dann legte er die Hand an die Stirn, als ob er sich besinnen wolle.

Nicht minder bestürzt als Josef war der Fischer.

„Du kennst ihn, Schwager?“ fragte er flüsternd.

„Armer Herr Albert!“ fuhr Josef theilnehmend fort. „Was ist Ihnen geschehen? O, sprechen Sie, sprechen Sie doch!“

Er wollte die Hände des Kranken ergreifen.

Dieser schrie laut auf:

„Zurück! Zurück! Verfolgen Sie mich noch immer? Ist Ihnen mein Leben zur Last? Der, der ist mein Mörder! Er handelt im Auftrage seines Herrn — die Kugel hat mich nicht getroffen, als ich auf dem Thurme schwebte — da wollte man mich stürzen — Schickt den Mörder fort."

Albert ballte die Fäuste und streckte sie drohend empor. Kraftlos sank er in das Kissen zurück.

„Sie irren, armer Albert, ich bin Ihr erster Freund. Sehen Sie mich nur an, Sie werden mich erkennen und bald einsehen, daß ich es gut mit Ihnen meine. Die Vorsehung hat Sie gnädig beschützt, und daß ich gerade heute hier ankommen mußte, ist nicht das Werk des Zufalls —"

„Mörder, Mörder!" stöhnte der Kranke. „Du betrügst mich nicht."

Er schleuderte unheimliche Blicke auf den Bedienten.

„Das Fieber spricht aus ihm!" meinte der Fischer. „Nun soll mein Schwager wieder der Mörder sein. Gestern war es mein Sohn. Wir müssen ihm noch Ruhe gönnen."

Josef stand mit gefalteten Händen neben dem Bette; er setzte sich furchtlos den zornfunkelnden Blicken des Kranken aus. Seine Züge verriethen mehr als Theilnahme, sie verriethen auch Schmerz und Zorn.

„Ich errathe Alles!" murmelte er ganz leise. „Der Unglückliche muß mich wohl für seinen Feind halten, muß das ärgste Mißtrauen in meine Annäherung setzen. O könnte ich jetzt sprechen, wie es mir um's Herz ist! Die Bosheit unserer Gegner kennt keine Grenzen."

Albert murmelte wie geistesabwesend:

„Bleibe mir treu, Louise! Ich baue für uns ein schönes Haus, Du wirst wohnen wie eine Fürstin. Der Riß ist schon fertig! Dort, Dein Boudoir mit zwei Fenstern nach dem Parke hinaus — daneben der Empfangssalon, dreißig Ellen lang, zehn Ellen breit — und hier ist mein Arbeitszimmer mit der Bibliothek — der chinesische Pavillon im Garten soll ein Meisterstück werden. Louise, ich verstehe meine Kunst! Bleibe mir treu, ich bin nicht so arm als Du denkst. Vater Brand hat mir Nichts gesagt; aber der Fürst, der Fürst, der mich in das Waldschloß hat kommen lassen — es ist ein großes Vermögen da — ich habe Ansprüche —"

Das unheimliche Lächeln war plötzlich von seinem Gesichte verschwunden. Ein jäher Schreck schien ihn zu befallen.

„Sie wollen mich ermorden!" murmelte er düster. „Hätte ich nur eine Axt! Dem zerspalte ich den Kopf, der die Hand nach mir ausstreckt. Laßt mich, laßt mich doch — ich will kein Vermögen, will keinen Rang — Louise liebt den Zimmerman, den Armen. — Ach, Louise, meine Braut! Und Dein Vater hat mich nach der Fabrik geschickt — der Intendant stieß mich hinab. —"

Er brach in ein Wuthgeheul aus, das er so lange fortsetzte, bis die Schwäche ihm die Kraft dazu raubte.

„Gerlach!" flüsterte Josef.

„Laß mich allein mit dem Kranken."

„Wer ist er denn?"

„Das sollst Du später erfahren."

„Aber, Josef, nimm Dich in Acht; dem Rasenden ist nicht

zu trauen. Was für Dinge hat er vorhin gesprochen! Er ist noch recht krank. Ich werde wohl die Sympathie noch einmal brauchen müssen.

Josef führte den Fischer zu der Thür.

„Habe Acht auf die Equipage, Schwager; kommt mein Herr, so meldest Du es mir auf der Stelle.“

„Aber der Karpfen, Schwager?“

„Wir verzehren ihn später. Gehe und thue, Gerlach, wie ich Dir gesagt. Sei ohne Furcht, Du wirst keinerlei Unannehmlichkeiten haben, sollst sogar noch eine Belohnung für die bewirkte Rettung empfangen.“

„Eine Belohnung?“

„Ja, ja!“

Ich kann sie brauchen und habe sie nach der gräßlichen Angst auch wohl verdient. Josef, Du bist ein guter Schwager. Wenn Du Hilfe brauchst, rufe nur aus dem Fenster.“

„Gebe Gott, daß die Krankheit gehoben werde.“

„Meine Sympathie, Schwager —“

„Es ist gut. Laß' mich allein!“.

Der Alte schloß die Thür und ging seelenvergnügt die Treppe hinab. Er trat sofort in die Küche, wo Johannes bei seiner Frau stand, der von der Arbeit zurückgekehrt war.

„Josef kennt den Fremden!“ rief er, sich die Hände reibend. „Nun ist Alles gut, Kinder!“

Er erzählte, wie der Kranke sich benommen hatte.

„Morgen führst Du einen Theil der Karpfen zu Markte, Johannes. Mache den Wagen zurecht und bringe die Fische in die Tonnen. Der Schwager kommt gleich — wir essen zusammen.“

„Vater," fragte Johannes, „wie hängt denn das Alles zusammen."

„Noch weiß ich es selbst nicht; aber wegen der Karpfen brauchen wir nicht mehr ängstlich zu sein. Ich werde noch obendrein eine Belohnung erhalten. Es war auch ein sauer Stück Arbeit, den Menschen aus dem Wasser zu ziehen."

Der alte Fischer ging in das Freie, unterhielt sich mit dem Kutscher und wartete auf den gnädigen Herrn, der immer noch nicht kommen wollte. Es war dunkel. Da erschien auch Josef, der berichtete, daß der Kranke schlafe. Trudchen rief um Essen. Die Männer gingen in die Stube und verzehrten das Mahl, während Johannes auf Posten stand. Der alte Gerlach drang beharrlich in seinen Schwager, er wollte durchaus den Stand und den Namen seines Gastes wissen, wollte erfahren, wie der junge Mensch in den gemauerten Kanal gekommen sei. Josef gab ausweichende Antworten und versicherte, daß er mit dem Kranken habe wenig sprechen können, da ihn der Schlaf übermannt hätte, das, was er gesprochen, sei Fieberwahn gewesen.

„Willst Du," fragte Josef, „den Gast so lange behalten, bis er gesund ist? Ich bürge dafür, daß Du ein schönes Stück Geld erhältst."

Gerlach sah fragend seine Schwiegertochter an. Trudchen stimmte bei; sie verdiente gern Geld.

„So bin auch ich damit einverstanden," meinte der Alte. „Natürlich unter der Bedingung, daß Du die Verantwortlichkeit übernimmst. —"

„Gewiß; aber auch unter der Bedingung, daß der Kranke

gut gepflegt werde, daß ihn Niemand sieht und daß er selbst mit Fremden nie in Berührung komme."

„Wenn er aber fort will?" fragte Gerlach. „Wenn er sich weigert, bei uns zu bleiben?"

„Es wird schon bleiben."

„Ich bezweifle es."

„Warum?

„Die Louise, die ihm im Kopfe liegt, treibt ihn fort. Er muß dem Frauenzimmer recht gut sein."

„Das ist er."

„Da hat er sich wohl aus Verzweiflung in den Kanal gestürzt?"

„Getroffen, Schwager!" rief Josef. „Da Du das Geheimniß errathen hast, magst Du es bewahren. Sei also verschwiegen, quäle den Armen nicht mit Fragen und sorge für ihn."

Trudchen trug dem Kranken eine Suppe hinauf. Als sie zurückkam, sagte sie fröhlich: „Er hat sie verzehrt; und das wundert mich, da er sonst die Speisen unberührt gelassen."

„Meine Sympathie ist wirksamer als die Deinige, Schwager!" rief Josef lachend.

Es war schon spät und immer noch kam der Erwartete nicht.

Josef ward unruhig; er ging von dem Hause zu dem Kutscher, von diesem nach dem Hause. Gegen zehn Uhr endlich Fabian, ein Wagen heran. Von dem Bocke desselben sprang Fabian, der stumme Diener, den der Leser in dem Waldschlosse kennen gelernt hat. Gewandt öffnete er den Schlag des Wagens. Ignaz stieg aus. Er kam von Buchau, wo er

durch Louise, die er bei Elsen vorgefunden, länger aufgehalten worden, als er gewollt hatte. Die Begebenheiten, die der
Verfasser schildert, ereigneten sich also an dem Abende, an
dem Louise das Häuschen in Buchau aufgesucht hatte. Wir
wissen, daß Louise ihr Briefchen in der hohlen Weide nicht
mehr vorgefunden, und daß sie, hiedurch veranlaßt, zu Else
geeilt war. Um dies zu erklären, schalten wir folgende kleine
Szene ein.

Johannes, der Sohn des Fischers, war den ganzen Tag
abwesend gewesen. Während Josef und Gerlach bei Tische
saßen, hatte er sich in das Krankenstübchen geschlichen und
eine brennende Lampe auf den Tisch neben dem Bette gesetzt.
Albert sah ihn kommen; er wollte auffahren.

„Still!" sagte Johannes.

„Fort, fort!" rief Albert.

„Sie halten mich noch immer für Ihren Feind," sagte
treuherzig der Fischer, „und ich bin es doch wahrhaftig nicht.
Um Ihnen zu zeigen, wie gut ich es meine, habe ich den
Garten und die hohle Weide aufgesucht, von der Sie gesprochen haben."

Albert starrte den Fischer an.

„Die Weide? Ach ja — habe ich denn davon gesprochen?" fragte er traurig.

„Freilich. Der Garten des Meisters Gerold war leicht
zu finden und der alte Baum auch. Sie sagten, es müsse
ein Briefchen darin liegen?"

„Ja, ja!"

„Ich griff von außen in den Baum —"

„Und dann?"

„Fand ich dieses Papier."

„Herr, mein Gott! Aber ist es denn auch von ihr?"

Mit diesen Worten entriß er dem Fischer das Papier und begann zu lesen. Johannes leuchtete dazu.

„Von ihr! Von ihr!" rief er jauchzend. „Sie hat mich nicht vergessen, Sie liebt mich noch! Aber ist denn auch wahr, haben Sie das Papier aus der Weide geholt?"

Johannes legte die breite Hand auf die Brust.

„Warum sollte ich Sie denn belügen? fragte er gut= müthig. „Ich bin ein schlichter Fischer; mein Vater hat Sie aus dem Flusse gerettet — hätte er es gethan, wenn er Ihnen schaden wollte? Gestern Abend saß ich hier an Ihrem Bette — da sprachen Sie im Traume von Louise und von der Weide — das ließ mir die ganze Nacht keine Ruhe, denn Sie dauerten mich) — heute fischte ich oben auf dem Flusse — da ging ich nach der Stadt, fand die Weide und das Papier. — Dann fuhr ich in meinem Kahne nach Hause und freute mich schon im Voraus, Ihnen zu zeigen, daß wir keine schlechten Menschen sind. Das habe ich gethan, ohne daß eine Seele darum weiß. Werfen Sie nur keinen Groll auf mich und den Vater, der Ihretwegen in großen Sorgen lebt. Sind Sie nun zufrieden?"

Der Kranke reichte dem Fischer die Hand.

„Sie haben mir einen Trost gebracht, der mich bald aufrichten wird!" sagte er gerührt. „Ich fühle jetzt schon, daß eine Umwandlung mit mir vorgegangen ist. Es sah recht wirr aus in meinem Kopfe — doch ja, ich muß Sie wohl für meinen Freund halten! Kennen Sie den Mann, der vor= hin bei mir war?"

„Ja, lieber Herr."

„Wer ist er?"

„Fürstlicher Kammerdiener."

„Wie kommt er hieher? Wer hat ihm gesagt, daß ich hier krank liege?"

„Er ist der Bruder meiner verstorbenen Mutter, und da besucht er uns, wenn er gerade kann. Der Vater mag ihm wohl erzählt haben, daß wir einen Gast beherbergen. O, er ist ein guter Mann, vor ihm brauchen Sie sich nicht zu fürchten. Ich, der Johannes, stehe für ihn ein."

Nun brachte Trudchen die Suppe, die Albert, in dem die Lebenslust von Neuem erwacht war, verzehrte. Der gute und einfältige Johannes verließ mit seiner Frau das Stübchen; er wollte sich nun seiner Kinder erfreuen, die unten des Vaters und des Abendessens warteten.

Wir kehren zu den beiden Wagen zurück, die an der Thür des Gartens halten. Kaum war Ignaz ausgestiegen, so gab er dem Kutscher, der ihn gebracht hatte, Befehl, nach der Stadt zu fahren. Der Wagen fuhr ab. Ignaz wollte den zweiten Wagen besteigen.

„Ich bitte, gnädiger Herr, warten Sie noch!" sagte Josef.

„Was willst Du?"

Beide traten in den Garten.

„Haben Sie Albert gefunden, gnädiger Herr?

„Nein!" antwortete Ignaz düster. „Deßhalb möchte ich rasch weiterfahren. Mir scheint, es ist ein Verbrechen verübt."

„Es scheint nicht so, gnädiger Herr, es ist wirklich verübt."

„Du weißt es?"

„Der Intendant Reinhardt hat den jungen Mann in den großen Teich der Zuckerfabrik gestoßen."

„Meine Ahnung! Meine Ahnung!" rief Ignaz. „Wie hast Du diese schreckliche That erfahren, die man ohne Zwei= fel mit großer Schlauheit ausgeführt?"

„Durch eine Fügung von Verhältnissen, die an das Wunderbare grenzt. Was ich berichte, ist in Wahrheit fest begründet. Reinhardt, dieser Schurke, ist zu Allem fähig. Ich will nicht davon sprechen, daß Sie meine Warnungen über= hört haben —"

„Laß das! Meine letzte Hoffnung ist vernichtet!"

„Nein, nein!"

„Wenn Albert todt ist —"

„Er lebt, gnädiger Herr."

„Josef, Josef! Suche mich nicht durch Hoffnungen zu täuschen — ich bin auf Alles gefaßt."

„Sie können Albert sogleich selbst sprechen."

„Wo?"

„Hier, in dem Hause meines Schwagers, der ihn ge= rettet hat. Der arme Albert ist freilich krank."

Josef berichtete nun kurz die Rettung Albert's; er ver= schwieg auch nicht, daß der Kranke im Fieberwahne jeden für seinen Mörder halte, der sich ihm nahe. Während die= ses Gesprächs waren Beide an das Fischerhaus gekommen.

„Ich werde ihn beruhigen," sagte Ignaz; „es ist dies zu seiner Genesung nöthig."

Josef nahm die Lampe aus der Hand seines Schwa= gers, der mit entblößtem Haupte auf der Hausflur stand,

und leuchtete seinem Herrn voran. Eine Minute später be-
trachteten Beide das Giebelstübchen. Albert saß aufrecht im
Bette; er betrachtete wiederholt die Zeilen seiner Louise.
Ignaz zuckte schmerzlich zusammen, als er den todtbleichen
jungen Mann sah.

„Sie, auch Sie?" rief der Kranke, der sein Briefchen
verbarg.

„Erregen Sie sich nicht, mein lieber Freund! Ich komme, um zu trösten und zu beruhigen, um Alles zu thun,
was Ihnen nützt. Man hat Ihnen, mit Entsetzen und Schmerz
habe ich es vernommen, nach dem Leben getrachtet — der
Verbrecher, der meuchlings die Hand nach Ihnen ausgestreckt,
wird seiner Strafe nicht entgehen."

„Lassen Sie mich, gnädiger Herr; ich kann Ihnen ferner nicht trauen!" sagte Albert mit schwacher Stimme, indem er abwehrend die Hand ausstreckte. „Was wollen Sie
denn? Warum kümmern Sie sich um mich? Nehmen Sie
an, ich existire gar nicht. — Ich will der arme Zimmermann bleiben und den ehrlichen Namen meines guten Pflege-
vaters führen. Mein Leben hat zweimal in Gefahr ge-
schwebt —"

„Von jetzt an werde ich es schützen!" rief Ignaz eifrig.
„Ich muß es schützen, da böse Menschen Sie zu verderben
trachten."

„Und ich habe Niemandem ein Leid zugefügt! Was ist
es denn? Was will man von mir?"

„Erinnern Sie sich, daß ich Ihnen mein Ehrenwort
verpfändet, daß ich Ihnen feierlich gelobt habe, für Ihre Zukunft zu sorgen?"

„Sie haben Ihr Wort schlecht gehalten."

„Ich bin zu sorglos gewesen. Diesen Fehler werde ich energisch gut machen. Mein Arzt soll Sie behandeln, ein zuverlässiger Diener soll für Sie sorgen — Fabian bleibt hier!" befahl Ignaz seinem Kammerdiener. „Sie kennen die treue Seele, Albert —"

„Fabian, der stumme Diener?" fragte der Kranke.

„Derselbe, der Sie in dem Waldschlosse bedient hat. Albert," flüsterte Ignaz, indem er sich zu dem Kranken neigte. „ich habe diesen Abend Ihre Louise gesprochen —"

„Wo? Wo?"

„In dem Häuschen Ihres verstorbenen Vaters. Sie ist untröstlich über Ihr Verschwinden — halten Sie sich hier verborgen — erscheinen Sie in der Stadt, so ist Louisens Vater bedroht, der Sie nach der Fabrik geschickt hat. Sorgen Sie für Louise, indem Sie für sich selbst sorgen. Es ist unbedingt nöthig, daß Sie für todt gelten — Ihre Feinde müssen an Ihren Tod glauben, damit sie Sie ferner nicht verfolgen. Noch darf ich Ihnen die Aufklärung nicht geben, die Sie folgerichtig von mir fordern können; nur so viel sage ich heute! es handelt sich um Ihre Eltern, um Ihre unglücklichen Eltern!"

Der gnädige Herr hatte mit bewegter Stimme gesprochen.

Gespannt erwartete er die Antwort des Kranken.

Albert saß wie ein Träumender in seinem Bette.

„Meine Eltern!" murmelte er.

„Ich schwöre es Ihnen zu."

„So bin ich kein Findelkind?"

„Nein, nein!"

„Aber Beweise, Beweise! Wer gibt sie mir, gnädiger Herr?"

„Ich kann sie Ihnen geben, wenn Sie mich unterstützen."

„Wodurch?"

„Daß Sie so lange hier in der Einsamkeit leben, bis ich Ihnen sagen werde: Jetzt treten Sie in die Welt und führen Sie Ihre Louise heim."

„Das verspreche ich Ihnen!" rief Albert, dessen Augen glühten.

„Wollen Sie mein Geheimniß ehren?"

„Ich will es!"

„Der brave Fischer wird sich mit mir zu Ihrem Schutze vereinigen."

So endete das Gespräch.

Ignaz verließ das Stübchen.

„Sie sehen mich bald wieder!" rief Josef dem Kranken zu.

Er drückte ihm die Hand und folgte seinem Herrn.

„Ich bin kein Findelkind!" murmelte Albert vor sich hin. „Das ist ein Glück, ein großes Glück!"

Bald meldete sich Fabian zur Dienstleistung; er trat an das Bett und gab durch Zeichen zu erkennen, daß er sich glücklich schätze, bei dem Kranken zu bleiben. Durch Küsse auf die Hand und mitleidige Blicke drückte er seine innige Theilnahme aus. Dem armen Albert war, als ob er in ein längst bekanntes Gesicht schaute. Der kurze Aufenthalt in dem Waldschlosse hatte genügt, ihm den treuherzigen Stummen werth zu machen.

„Fabian," fragte er, „meint man es böse mit mir?"

Und Fabian hob schwörend drei Finger empor, indem er mit dem Kopfe schüttelte.

Der kleine Mann bediente ihn nun mit der ihm eigenen Gewandtheit; für die erste Nacht richtete er sein Lager auf dem Fußboden ein. Am folgenden Morgen bereitete er in der Küche das Frühstück; er war ein vortrefflicher Koch. Gertrud konnte von ihm lernen. Die Unterhaltung mit ihm war freilich nur einseitig; aber Albert lag nicht viel daran, die Gemüthserregung hatte ihn erschöpft und ein leichtes Fieber schüttelte ihn. Schon den Nachmittag kam ein Arzt, den Fabian kannte. Der Doktor examinirte den Kranken.

Aus seinen vorsichtigen Fragen ließ sich schließen, daß er das Schicksal seines Patienten zum Theil kannte, aber die unglückliche Katastrofe nicht berühren wollte. Er verschrieb Medizin, die Johannes aus dem nahen Flecken holte. Nun lag Albert daran, den Briefwechsel mit Louisen zu unterhalten. Er theilte sich Fabian mit. Der gute Bursche jauchzte auf vor Freude über das ihm geschenkte Vertrauen. Albert zeichnete die Gänge und Gärten und deutete genau den Plan an, wo die Weide stand. Nun ward Fabian der treue und verschwiegene Liebesbote; in dem Stalle des Fischers stand ein Pferd, das ein Reitknecht dem Diener gebracht hatte. Fabian, ein vortrefflicher Reiter, legte den Weg nach der Stadt gewöhnlich in einer Stunde zurück. Jauchzend brachte er das vorgefundene Papier, das Albert an die Lippen drückte, ehe er es las. Die Korrespondenz ward pünktlich besorgt. –

Der Leser kennt die zwischen den Liebenden gewechselten Briefe. Wenn die Zeilen Alberts einen starken Anstrich religiöser Schwärmerei hatten, so war dies ein natürliches Ergebniß seiner Gemüthsstimmung, und wenn er später ausweichend auf die Frage nach seinem Mörder antwortete, so folgte er hierin dem Rathe des gnädigen Herrn, der ihn zweimal besucht hatte.

Albert konnte bald das Bett verlassen und seinen Platz am Fenster einnehmen. Fabian hatte ihm einen bequemen Lehnsessel aus der Stadt geholt. Das Giebelfenster gewährte eine schöne Fernsicht. Dem Hause zunächst breitete sich der Gemüse- und Obstgarten aus, den Vater Gerlach im besten Stande erhielt. Dann zeigte sich die blinkende Fläche des Flusses mit der Fähre. Oft auch schwebten Lastkähne vorüber, die Steinkohlen nach der Fabrikstadt brachten. Jenseits des Flusses dehnte sich ein Feld aus, das von einem kräftigen Eichenforste begrenzt ward. In weiter Ferne zog sich eine blaue Bergkette hin, dieselbe, in der das Waldschloß lag. Neigte sich Albert aus dem Fenster, so konnte er rechts die Spitzen der Thürme der Stadt sehen.

Einst kam Nachmittags Ignaz zu Pferde an. Albert sah ihn absteigen. Gleich darauf öffnete Fabian die Thür und ließ ehrfurchtsvoll den gnädigen Herrn eintreten, der bewegt seine Freude darüber ausdrückte, den Patienten außer dem Bette zu sehen. Er nahm ihm gegenüber Platz.

„Mein junger Freund," begann er, „heute bitte ich Sie, mir die Einzelheiten des Verbrechens mitzutheilen, das man in so gräßlicher Weise an Ihnen verübt hat. Ich muß sie wissen, wenn ich Ersprießliches für Sie wirken soll."

Albert erzählte einfach, was geschehen.

„Ich ward rücklings in den Teich gestoßen,“ schloß er. „Ein Festhalten war mir nicht möglich. Der starke Stoß kam unerwartet wie ein Blitz aus den Wolken. Ein furchtbares Tosen umfing mich; ich ward fortgerissen von einer kreisenden Wassermasse. Zwar bin ich ein guter Schwimmer; aber gegen die Gewalt des tosenden Elements konnte ich nicht ankämpfen.

„Es war tiefe Nacht um mich. Meine ausgestreckten Hände erfaßten kalte Steinwände. Bald ward ich rechts, bald links geschleudert. Endlich konnte ich festen Fuß fassen, ich fühlte, daß ich im Schlamme stand. Nur mein Kopf ragte über das Wasser empor, das im ruhigen Strome an mir vorüberzog. Da stand ich überlegend, was ich thun sollte. Gewohnt, der Gefahr kalt in's Auge zu schauen, dachte ich an meine Rettung. Gegen den Strom konnte ich nicht schwimmen. Ich ging mit dem Strome. Das Wasser stieg immer höher. Schwimmend legte ich eine kurze Strecke zurück. Plötzlich folgte mir ein starkes Brausen. Neue Wassermassen kamen mit furchtbarer Gewalt an. Ich ward rechts und links an die Wände geschleudert. Der ganze Raum füllte sich mit Wasser — da schwand mir die Besinnung — als ich zu mir kam, fand ich den alten Fischer vor mir. Warum verfolgt man mich? Was habe ich gethan, wen habe ich beleidigt?“

Dem gnädigen Herrn standen die Thränen in den Augen.

„Sie haben schwer gelitten!“ sagte er empfindungsvoll. „Aber wie nach der Nacht der Tag folgt, so wird auch

Ihnen nach dem Jammer Freude erblühen. Der Intendant, mein armer Freund, hat nicht aus eigenem Antriebe gehandelt; er war das Werkzeug in der Hand eines Mannes, den wir, trotz seiner Bosheit, zu schonen die triftigsten Gründe haben. Käme es auf mich an, ich zerrisse den Schleier, der über der unheimlichen Angelegenheit ruht, und zöge die Verbrecher zur Rechenschaft. Die Verhältnisse sind so delikat, so verworren, so eigenthümlicher Art, sie gestalten sich selbst mit jedem Tage seltsamer, daß ich mich zu einer Rolle bequemen muß, die ich im Innersten der Seele verabscheue. Nennen Sie den Mann nicht, der Sie morden wollte; die Vorsehung hat den scheußlichen Plan vereitelt, und dafür danken wir ihr aus vollem Herzen. Fabian ist in dem Besitze von Waffen; verwenden Sie dieselben zu Ihrer Vertheidigung, wenn es nöthig werden sollte. Sie werden den alten Brand, der Sie als seinen Sohn angenommen, tadeln, daß er vor seinem Tode Ihre Angelegenheiten nicht geordnet hat — wissen Sie es ihm Dank und erkennen Sie die Vorsicht des braven Mannes, dessen Andenken ich stets in Ehren halten werde. Sie sind nun außer Gefahr, der Arzt hat es mit Bestimmtheit erklärt — tragen Sie diesen Ring zur Erinnerung an den heutigen Tag —"

Und Ignaz überreichte dem jungen Manne einen kostbaren Diamantring, den er von seinem Finger genommen hatte. Dann erhob er sich, als ob er seine Rührung verbergen wollte und verließ mit den Worten „wir sehen uns bald wieder" das Stübchen.

„Ich fange an, zu begreifen!" dachte Albert. „Mein eigener Vater verleugnet mich und will mich beseitigen! Dasist's! Das ist's! Warum aber thut dieser Herr Ignaz so geheimnißvoll? Warum sucht er mich zu erhalten, während eine andere Partei mein Verderben will? Sobald ich gesund und kräftig bin, werde ich selbständig handeln."

Fabian kam zurück. Er brachte ein Briefchen, in welchem Louise die Angabe des Mörders verlangte. Albert antwortete ausweichend und fügte der Antwort den Ring bei. In einem zweiten Briefe zeigte Louise die Gefahr der Weide an und bezeichnete die Steinschwelle unter der Gartenthür als den Ort, der in Zukunft die Briefe aufnehmen sollte.

Zwei Tage später machte Albert den ersten Spaziergang. Fabian begleitete ihn durch den Garten. Die Familie des Fischers äußerte die lebhafteste Freude, vorzüglich Johannes, der dem Rekonvaleszenten innig die Hand drückte. Gertrud brachte ihm einen Strauß der besten Blumen, die in dem Garten zu finden waren.

„Ah," rief Vater Gerlach, der mit Netzen beladen vorüberging, „nun wird's bald wieder werden. In acht Tagen kann der junge Herr mit uns Fische fangen."

An Geld fehlte es in dem Fischerhause nicht, Fabian hatte stets eine gefüllte Börse, die er mit großer Bereitwilligkeit öffnete.

Einige Tage später kam eines Morgens der lange Josef an. Hastig trat er in das Stübchen, wo Albert beschäftigt war, einen Brief an Louisen zu schreiben.

„Herr Albert," rief er, „Sie müssen mir auf der Stelle folgen."

„Wohin?"

„Nach einem Landhause."

„Und warum?"

„Weil der Intendant Ihren Aufenthalt entdeckt hat."

„Gibt es denn keine Obrigkeit, die mich schützt?"

„Sie werden sich eines kräftigen Schutzes bald erfreuen; bis dahin aber fügen Sie sich, denn ohne Ihnen ist es uns unmöglich, das gesteckte Ziel zu erreichen. Denken Sie an Vater Brand, denken Sie an Louise, denken Sie an die tückischen Angriffe auf Ihre Person. Weder Muth noch Kraft nützen Ihnen, Vorsicht und List sind die einzigen Waffen, die Sie zu Ihrer Vertheidigung anwenden können. Fabian mag bestätigen, daß ich recht habe."

Der stumme Diener nickte mit dem Kopfe und bat durch lebhafte Gesten, daß Albert der erhaltenen Weisung folgen möge.

„Wie weit werde ich künftig von der Stadt entfernt sein?" fragte Albert.

„Nicht weiter als Sie jetzt es sind. Die Verbindung mit der Stadt bleibt dieselbe."

Jetzt trat Johannes ein.

„Unten auf dem Flusse liegt ein Kahn mit zwei Män-nern," berichtete er, „die Erkundigungen über unser Haus einziehen. Sie wollen einen Fischhandel abschließen; aber wir kennen das schon. Der Vater hält sie hin und sucht sie ab-zuweisen."

Fabian packte schon die wenigen Habseligkeiten des Re-konvaleszenten zusammen.

„Man darf weder Sie noch mich hier sehen," sagte Josef. „Es ist nothwendig, daß man an Ihren Tod glaube.

Beeilen wir uns, der Wagen harrt unter der Buche. Du weißt Bescheid, Johannes?"

„Vollkommen, Vetter!"

„So gehe und stehe Deinem Vater bei. Nach zehn Minuten kannst Du die Leute in das Haus führen, damit sie sehen, daß es keine fremde Person beherbergt."

Johannes lief davon. Man hörte seine polternden Schritte auf der Treppe.

Albert hielt es für gerathen, sich zu fügen. Die Bosheit seiner Feinde kannte er, Kraft zur Vertheidigung hatte er noch nicht, es war also das Beste, daß er den Rückzug antrat. Von Gertrud, die auf der Hausflur stand, nahm er Abschied. Die junge Frau weinte. Die drei Männer gingen durch den Hof, eilten an einer Hecke von Taxus hin und erreichten den Wagen, der rasch mit ihnen davon fuhr. Diesmal saß Albert in einer alten, aber gut erhaltenen Reisekalesche, und nicht in einer glänzenden Equipage, wie früher. Der Kutscher trug gewöhnliche bürgerliche Kleidung und die Pferde zeichneten sich weder durch Nettigkeit noch durch elegantes Geschirr aus. Reisegelegenheiten, wie diese, sah man täglich und stündlich auf der Landstraße.

Gehen wir zurück, an dem Hause vorüber, vor dessen Thür die Kinder des Fischers spielten, und suchen wir den Landungsplatz auf. Vater Gerlach, auf einem Brette am Ufer stehend, unterhielt sich mit zwei Männern, die in einem leichten grün angestrichenen Kahne saßen. Der eine der Männer war der Intendant Reinhardt, der andere — Fritz Blei. Ein dritter Mann in gewöhnlicher Arbeiterkleidung führte das Ruder.

„Ihr wißt also wirklich nicht, Gerlach, wer das Kanal=
gitter aufgerissen hat!" fragte der Intendant.

Der Alte antwortete unbefangen:

„Ich wiederhole Ihnen, Herr Reinhardt, daß ich es nicht
weiß."

„Ihr habt an dem Tage, als der Teich abgelassen
wurde, in dem obersten Flußreviere gefischt."

„Das will ich gerade nicht leugnen. Ich habe auch Tags
zuvor und Tags darauf dort gefischt. Morgen werde ich wie=
der dort fischen. Wenn ich nicht arbeite, lieber Herr, kann
ich den schweren Pacht nicht bezahlen."

„Ihr habt also keine Karpfen?"

„Für den Augenblick nicht ein Stück. Vielleicht kann
ich in einigen Tagen dienen."

„Uns sind alle Fische durch das Wasser fortgerissen."

„Das Wasser wird auch wohl das Gitter fortgerissen
haben. Ihr Fischmeister führt eine schlechte Zucht, das muß
ich gestehen — der dumme Teufel legt den ganzen Teich
trocken — die Karpfen werden wohl in dem Kanale stecken.
Nun, Johannes, wie steht's?"

Der Fischer trat auf das Brett und zog die Mütze.

„Aale und Hechte sind da, Bratfische in Menge; Kar=
pfen nicht. Wenn die Herrschaften diese wollen —"

„Kann man sie sehen?" fragte Reinhardt.

„O ja. Dann müssen Sie sich aber nach dem Hause
bemühen, die Fische sitzen dort in dem kleinen Teiche."

Reinhart und Blei stiegen aus. Sie folgten den Fischern
nach dem Hause. Unterwegs fragte der Intendant: „Wohnt
Ihr mit der Familie allein in dem Hause?"

„Ei gewiß, Herr; wer sollte bei mir wohnen? Ich möchte gern vermiethen, es findet sich kein Miether."

„Vielleicht kann ich Euch einen schaffen."

„Das wäre mir schon recht; habe eine Stube und eine Kammer übrig."

„Zeigt mir zuvor das Haus."

„Gern, Herr!"

Gerlach führte die Männer durch das ganze Haus und zuletzt in das Giebelstübchen. Trudchen hatte rasch aufgeräumt. Nichts verrieth, daß der Raum bewohnt gewesen war. Fritz Blei meinte, die Einrichtung gefalle ihm nicht, er werde wohl in der Stadt bleiben. Auch die Fische, die Johannes in einem Netze hervorzog, gefielen nicht, und so entfernten sich die beiden Männer.

„Ihr kommt morgen oder übermorgen!" rief der Intendant, als er im Kahne saß.

„Ich werde kommen!" antwortete Gerlach.

Der Kahn fuhr ab.

„Die können lange suchen," flüsterte der Vater dem Sohne zu. „Heute habe ich geschwiegen, aber zur rechten Zeit werde ich sprechen. Ja wohl, ich bin an dem Gitter gewesen."

Fünftes Capitel.

Ein armer Fürst.

Der Leser erinnert sich wohl der Villa, in der Albert auf seiner Reise die erste Nacht zubrachte und die Josef als Station bezeichnete. In dieser Villa wohnte seit zwei Tagen der Fürst Balduin, derselbe kranke Herr, den wir in dem Waldschlosse kennen gelernt haben. Man hatte ihn nach der schrecklichen Szene in dem Atelier aus der düstern Umgebung in die freundliche gebracht, und Balduin, der nach außerordentlichen Erregungen in eine Art Lethargie verfiel, war willenlos gefolgt wie ein krankes Kind. Der Fürst verließ selten sein Zimmer, und geschah es, so begleitete ihn ein alter Diener, den er Felix nannte.

Wir betreten Morgens gegen zehn Uhr den Salon des Erdgeschoßes, dessen Glasthüren nach dem Garten zu geöffnet sind. Benigna, heute in helle Farben gekleidet, und Ignaz gehen im Gespräche auf und ab.

„Es wird, es muß zur Entscheidung kommen;" sagte die Dame. „Balduin ist ruhiger, es scheint eine Krisis bei ihm eingetreten zu sein —"

„Nein, ich halte seinen Zustand für völlige Abspannung."

„Gleichviel, Bruder, gleichviel; ich werde offen mit ihm reden!"

„Dort kommt der Arzt."

Aus einer der Thüren trat ein bejahrter Herr mit schneeweißem Haupte. Seine Wangen waren fein geröthet und seine großen Augen glänzten klug und hell. In dem Knopfloche seines schwarzen Fracks schimmerte ein rothes Ordensbändchen.

„Wie steht's, Herr Medizinalrath?" fragte Ignaz.

„Gut, über Alles Erwarten gut. Ich hoffe von dem freundlichen Aufenthalte das Beste."

„Meine Schwester beharrt auf ihrem Vorsatze."

„Und ich stimme bei," sagte der Rath. „Wir dürfen die günstige Zeit nicht verstreichen lassen. Durchlaucht befindet sich körperlich wohl, und außer Ihnen, gnädige Fürstin, kann Niemand auf das Gemüth des hohen Herrn einwirken. Ich empfehle Ihnen jedoch Vorsicht, Schonung und Milde. Finden Sie, daß Ihre Eröffnungen einen andern Eindruck hervorbringen, als den gehofften, so brechen Sie die Unterredung ab. Heftige Erregung möchte ich jetzt noch vermieden wissen. Sondiren Sie — ich werde den Ausgang erwarten."

Benigna athmete tief und schwer auf. Sie faßte den weißen Schleier, der durch eine goldene Nadel in dem schwe-

ren Flechtenkranze ihres Haares befestigt war, zusammen und
ging festen Schrittes der Thür zu, aus welcher der Arzt
eingetreten war.

„Gott gebe seinen Segen!" flüsterte der Arzt.

„Wir dürfen nicht mehr zögern," sagte Ignaz; „es
liegt große Gefahr im Verzuge. Die Absicht meines Schwagers kenne ich nun genau."

„Wie weit die Ehrsucht des Menschen treiben kann."

„Sagen Sie richtiger, lieber Rath, die Herrsch- und
Geldsucht. Ewald wird von den unlautersten Motiven ge-
leitet."

Beide ließen sich schweigend auf einem Divan nieder.

Benigna war durch ein kleines Vorzimmer geschritten,
in welchem Felix, der alte Diener, auf- und abging. Er
grüßte ehrfurchtsvoll die Dame und öffnete leise die Thür.

Balduin, in einem eleganten Sommeranzuge, stand mit
einer Windbüchse am Fenster. Wenn der Leser ihn heute gesehen hätte, er würde in laute Verwunderung ausgebrochen
sein. Das lange grauweiße Lockenhaar stand dem schönen
bleichen Gesichte vortrefflich. Nicht einen Fürsten, der ein
zwar kleines, aber sehr reiches Land besitzt, sondern einen
genialen Künstler, einen Dichter, der unter der Last geistiger
Arbeit zeitig ergraut, glaubte man zu sehen. Und eine
milde, schmerzliche Freundlichkeit prägte sich in den welken
Zügen aus.

„Balduin — guten Morgen!" rief die Dame.

Der Angeredete lehnte das zierliche Gewehr an ein
Möbel.

„Benigna! Benigna!" rief er herzlich. „Guten Morgen! Du hast Dich in freundliche Farben gekleidet —"

„Bist Du doch freundlich, mein lieber, lieber Mann! Wenn Du trauerst, trauere ich mit Dir —"

Er legte sanft seinen Arm um ihren Nacken und drückte ihr einen Kuß auf die weiße Stirn. Sie zitterte unter diesem Kusse. Ihr großes Auge hing mit unendlicher Liebe an dem armen Manne. Eine schöne, eine wunderbar schöne Gruppe bildete das unglückliche Paar. Ach, und er war unglücklich, unglücklich durch die seltsamsten Verhältnisse.

„Ich werde reisen," sagte der Fürst, „morgen schon! Die alten Städte Flanderns enthalten Schätze der Skulptur, die ich nicht genug studieren kann."

„Morgen schon?"

„Die Zeit vergeht, und ich bleibe unthätig. Ach, die Zeit vergeht rasch, das Leben ist so kurz! Der Mensch, der nichts für die Unsterblichkeit thut, hat nie gelebt. Und ich will unsterblich sein in meinen Werken."

„Du bist aber auch Fürst, Balduin — die Vorsehung hat Dir Unterthanen anvertraut, für deren Wohl zu sorgen Deine Pflicht ist. Verzeihe mir, wenn ich Dich heute daran erinnere. — Du verlangst es ja von mir!"

„Und ich weiß es Dir Dank! Wahrlich, Du erwirbst Dir große Verdienste! Habe ich denn diese Pflicht versäumt?"

„Bis jetzt nicht!"

„Gut, gut! Dessen freue ich mich. Die Leute sollen mich segnen, wenn sie von meinem Tode hören."

„Du wirst noch nicht sterben, Balduin. Der Arzt räth, daß Du Dich jeder Sorge entschlägst, daß Du nur Deiner schönen Kunst lebst und die gewöhnliche Arbeit Anderen überläßest."

Der Fürst hatte die Arme gekreuzt. Er dachte nach. Sein Gesicht ward ernst.

„Kann das ohne Gefahr geschehen?" fragte er plötzlich.

„Wenn Du Deine Familienangelegenheiten ordnest, ja, mein bester Freund. Und ich selbst werde Dir dabei behilflich sein, damit Du meine Liebe erkennst."

„Deine Liebe, Benigna!" rief der Fürst im Tone des Zweifels. „Liebst Du mich denn wirklich?"

„Ich will es Dir beweisen."

„Wie? Wie? Ich habe bis jetzt nur an Deine Freund= schaft geglaubt, und, bei meiner Ehre, ich glaube noch daran!"

Der bleiche Mann war sehr ernst geworden. Ein un= heimliches Feuer sprühte aus seinen Augen.

Die Fürstin ergriff sanft die Hand des armen Gemals.

„Balduin," sagte sie bewegt, „willst Du es nicht dulden, daß ich Dich liebe?"

Er zuckte zusammen.

„Glaube doch nur," fügte sie hinzu, „daß ich uneigen= nützig liebe! Setze mich doch nicht herab, halte mich einer edlen Neigung fähig, werth Dir zur Seite zu stehen — schenke mir Dein Vertrauen, und die Sonne des Glücks er= scheint wieder, die Zweifel und Mißtrauen düster verhüllen!"

„Forderst Du Gegenliebe?" fragte Balduin fest.

„Nein!" antwortete sie eben so fest.

„Was sonst?"

„Nur Deine Freundschaft."

„Ich habe sie Dir nicht vorenthalten, Benigna."

„Und doch, und doch! Eine Freundschaft ohne Vertrauen ist ein leerer Schall, ein Nichts! Balduin, ich bin Deine Dir angetraute Gattin, nehme eine Stellung ein, die, so wunderbar sie auch ist, ich doch zu schätzen weiß — lege die Stirn nicht in düstere Falten, sieh' mich offen, sieh' mich freundlich an! Balduin, Du hast mir oft gesagt, Du könntest mir nur ein Bruder sein — nimm mich als Deine Schwester hin! Die Welt mag mich, die Fürstin, beneiden — Deinem Herzen will ich nur die Schwester sein. Willst Du mich denn nicht verstehen, Balduin?"

Balduin wiegte das ergraute Haupt; Rührung schien ihn zu übermannen. Aber immer noch sprach er nicht, wie von einem heftigen Schmerze gefoltert preßte er die bleichen Lippen zusammen.

„Balduin," fuhr Benigna bebend fort, „ich habe es oft versucht, Dir mein Innerstes auszuschütten, darzuthun, daß ich in Dir den edeln, vortrefflichen Mann ehre, aber auch den unglücklichen Fürsten —"

„Das ist das rechte, wahre Wort!" rief er aus. „O, wäre ich doch kein Fürst! Benigna, trenne den Mann und Künstler von dem Fürsten — der Fürst gehört Dir an, weil er es muß — den Mann gib auf!"

Balduin streckte wie befehlend die rechte Hand aus.

„Ich wende mich auch nur an den Fürsten, Balduin! Und dieser muß die Fürstin hören —"

„Er will es auch! O, Balduin kennt seine Pflicht!"

Der Fürst strich das Lockenhaar aus der bleichen Stirn und machte erregt einen Gang durch das Gemach. Plötzlich blieb er stehen. „Benigna," bat er, „mache mir meine Stellung leicht, sei eine milde Fürstin! Ich dulde, ich leide entsetzlich!"

Sie erfaßte seine Hand und führte ihn liebreich zu der Ottomane, die sich dem Fürsten gegenüber befand.

„Was will ich denn?" rief sie schluchzend. „Deine Ruhe, Dein Glück! O, verkenne mich nicht, Balduin! Du sollst erfahren, daß ich ohne Dein Wissen für Dich gesorgt habe! Aber nun höre mich auch an, unterbrich mich nicht, mißdeute meine Worte nicht und schenke mir, Deiner Schwester, volles Vertrauen."

Sie hatte das Wort „Schwester" scharf betont.

Beide saßen auf dem Divan.

Die Fürstin seufzte tief auf; ihr war eine Last vom Herzen genommen, denn so geneigt zu einer vertraulichen Besprechung hatte sich Balduin noch nie gezeigt. Die Ansicht des Arztes, wonach die Geistesverstimmung des Fürsten seit dem letzten schrecklichen Vorfalle in dem Waldschlosse zu einer gewissen Ruhe gelangt sei, war also die richtige. Es mußte sich nun zeigen, ob diese Ruhe auch ungestört bleiben würde.

„Balduin, Du bist von Verräthern umgeben gewesen!"

„O, ich weiß es, Benigna!"

„Und diesen Verräthern bin auch ich zum Opfer gefallen."

Du? Du?" fragte der Fürst verwundert.

13*

„Hätte ich Dein Geheimniß gekannt, ich würde der Konvenienz getrotzt haben —"

„Mein Geheimniß!"

„Und immer noch bist Du von Verräthern umgeben; darum habe ich Dich nach der Villa meiner Mutter geführt. Hier sollst Du zum Leben erwachen, hier sollst Du Dein Gemüth der Freudigkeit eröffnen, die zum Schaffen Deiner Kunstgebilde erforderlich. Schwermuth soll den Künstler ferner nicht niederdrücken. — Sei ruhig, sei ruhig, Balduin, die Fürstin, Deine Schwester, spricht zu Dir. Sie hätte längst sprechen sollen, aber sie konnte es nicht, weil ihr die Beweise dessen fehlten, was mit Gewißheit darzuthun sie sich vorgenommen. Jetzt besitze ich die Beweise, und ich verwende sie zu Deinem Glücke."

Sie ergriff beide Hände des Fürsten und flüsterte an seinem Ohre:

„Charlotte lebt!"

Der Fürst stieß einen durchdringenden Schrei aus.

Er wollte sich losreißen.

Sie hielt ihn gewaltsam fest.

„Was hast Du mir versprochen? Bin ich nicht Deine Schwester? Habe ich nicht das Recht, selbst die Pflicht, Dich glücklich zu machen? Balduin, Charlotte, das edle Weib, ist Dir nicht einen Augenblick untreu gewesen!"

Seine Augen hatten sich vergrößert; mit starren Blicken sah er die Fürstin an.

„Das sagst Du, Du mir? Benigna selbst reißt eine Wunde auf —"

„Um sie zu heilen! Im Namen Gottes, Balduin, fasse

Dich — Glaube mir, der Fürstin, der Schwester! Bist Du nicht der ruhige Mann, der das schwere Unglück lange ge= tragen? Und jetzt, da die Sonne des Glücks zu scheinen be= ginnt, jetzt verschließest Du feig Dein Auge?"

Der Fürst ließ schlaff die Hände herabsinken.

„Wähnst Du, daß mich Deine Versicherung tröstet?"

„Dann hast Du Charlotten nicht aufrichtig geliebt."

Ein wahnwitziges Lächeln glitt über die leichenblassen Züge des Fürsten.

„Sie war meine erste Liebe!" murmelte er. „O, die schöne, schöne Zeit! Ich ließ mich heimlich mit ihr trauen, um sie für ewig an mich zu fesseln — der Priester sprach feierlich den Segen — da war Charlotte meine Gattin, sie war Fürstin geworden. Und als sie mir den Sohn gebar, den holden, reizenden Knaben mit dem blonden, krausen Haare — da war ich glücklich wie kein Sterblicher. Ich lebte in höchster Seligkeit — das düstere Waldschloß war mir ein Paradies. — Und während ich mich glücklich wähnte, ward Charlotte Verbrecherin."

Balduin ließ das Haupt tief auf die Brust herab= sinken.

„Was hat sie verbrochen?" fragte Benigna leise.

Der Fürst antworte wie im Traume:

„Ich habe es wohl gesehen —"

„Was, was denn?"

„Sie hat Ewald, meinen Bruder, empfangen."

„Ewald?"

„Niemand wußte, daß Charlotte sich im Schloße be= fand; Ewald war wie zufällig angekommen. — Was wollte

er? Mich um mein Glück betrügen. — Und es ist ihm ge=
lungen! Ich hätte sie ermordet, wäre sie nicht so schön, wäre
sie nicht die Mutter meines Sohnes gewesen. Formen wie
diese konnte ich nicht zerstören. — Und als man ihr das
Kind geraubt hatte, als sie vor Schmerz vergehen wollte, da
verzieh ich ihr — ach, ich mußte es, ich liebte sie ja immer
noch. — Dann glaubte ich an ihre Schuldlosigkeit — aber
es zog das wahre Glück nicht wieder bei uns ein! Später
sah ich meinen Sohn, man hatte ihn aus der Erde geholt,
und ich zimmerte ihm den neuen Sarg! Hinweg mit dem
Bilde, es erfreut mich nicht mehr. Ich habe Charlotte in
seinen Armen gesehen —"

„Wen hast Du gesehen?"

„Ewald!"

„Man hat Dich betrogen, Balduin. Ewald hast Du
gesehen, aber nicht Charlotten. Man hat durch unerhörte
Mittel Dich gereizt und betrogen. Reinhardt, dem Du so
rückhaltslos vertraut, hat die gräßliche Kabale geschmiedet!
Ein Weib, in Gestalt und Haltung Charlotten ähnlich, lag
in den Armen Ewald's, als der Verräther Dich auf die Ga=
lerie führte, von wo aus Du beobachten solltest. Charlotte
hatte längst das Schloß verlassen — sie hatte der Welt ein
Töchterchen geschenkt und lag krank bei einer Verwandten,
die sich ihrer angenommen. Arm, wie sie gekommen, war sie
gegangen. Nach dem, was Du wähnen mußtest, hattest Du
einen gerechten Zorn auf sie, die scheinbar Untreue, geworfen.
Dann gabst Du die Einwilligung zur Scheidung — und
führtest eine ebenbürtige Gattin heim —"

„Du," rief Balduin, „Du vertheidigst Charlotten?"

„Weil ich Dein Glück will."

„Benigna! Benigna!"

„Du hast mich für Deine Feindin gehalten — jetzt will ich darthun, daß ich es nicht bin, und daß Ignaz, mein Bruder, Dir ehrlich zugethan."

Balduin bedeckte einige Augenblicke das Gesicht mit beiden Händen.

Die edle Fürstin fürchtete, daß der arme Gemal in Tobsucht verfallen würde. Sie sank vor ihm nieder und sah flehend auf zu ihm.

„Deine Liebe konnte ich mir nicht erringen," rief sie schluchzend, „aber Achtung und Vertrauen darfst Du mir nicht versagen. Begreifst Du auch Alles, Balduin? Bleibe ruhig, stelle die Dinge zusammen — Du kannst noch einmal glücklich werden, und Du mußt es. — Im Namen Gottes, bleibe ruhig! Ich habe gethan, was ich Dir, meiner Stellung und meinem Bruder schuldig bin!"

Er ließ die Hände sinken.

„Charlotte ist keine Verbrecherin?" fragte er bebend.

„Nein!"

„Sie hat mich nicht betrogen?"

„Nein!"

„Dir glaube ich, Benigna!"

„Glaube mir, mein lieber Freund, mir nur! Ich hatte es mir zur Aufgabe gestellt, die heillose Intrigue zu entwirren — es ist mir gelungen. Ach, hätte ich Dein Leiden früher enden, hätte ich Dir die Gewißheit bringen können —"

Der Fürst zog die Dame zu sich empor.

„Dir glaube ich!" sagte er tief erschüttert. „Ich fasse
die Dinge schon. — Edle, edle Fürstin!"

Er küßte ihr bewegt die Hand.

„Von diesem Augenblicke an tritt das Verhältniß ein,
das herbeizuführen ich gewünscht habe. Du bist der Fürst, ich
die Fürstin. Die Welt mag glauben, unsere Ehe sei eine glück=
liche — ich leiste auf das Glück Verzicht — betrachte mich
als Deine Schwester. Bist Du zufrieden?"

„Ich bin es! Aber man sagte mir, Charlotte sei ge=
storben?"

„Sie lebt, arm und verlassen, von ihrer Hände Arbeit
sich ernährend."

„Charlotte, Charlotte — o, mein Gott!"

Er sank erschöpft in die Polster zurück.

Benigna betrachtete den todtbleichen Mann.

„Es ist genug!" flüsterte sie. „Weiter darf ich für jetzt
nicht gehen. — Nach und nach wird sich sein Geist mit dem
Gedanken vertraut machen, daß Charlotte ihm erhalten ist."

Zitternd drückte sie einen Kuß auf die Stirn des
Fürsten.

Nun rief sie Ignaz und den Arzt. Die beiden Männer
traten leise ein.

„Dort! dort!" flüsterte sie unter Thränen.

„Wie hat der gnädige Herr die Eröffnungen aufgenom=
men?" fragte der Arzt.

„Er hat die erste Liebe nicht vergessen."

„Arme Schwester!" flüsterte Ignaz. „Du bringst ein
übermenschliches Opfer!"

Der Arzt beschäftigte sich mit dem Kranken.

„Ich hoffe, daß eine heilsame Krisis eingetreten ist!"
flüsterte er zurück. „Die Ruhe ist ein gutes Zeichen."

„Stören wir ihn nicht!" sagte Ignaz, der den Fürsten
mitleidig betrachtete. „Der arme Mann hat unsäglich viel
gelitten."

„Auch ich!" flüsterte Benigna.

„Und was hast Du jetzt erreicht?"

„Mir ist die Gewißheit geworden, daß ich nur noch
Fürstin bin."

Ignaz ergriff die Hand der bleichen Frau.

„Schwester," sagte er bewegt, „ich trage die Schuld
an Deinem Unglück, denn die Verbindung mit dem armen
Balduin ist mein Werk —"

„Sprich nicht mehr davon!" bat sie mild.

„Und doch muß ich es!"

„Hätte ich ihn nicht geliebt, die Konvenienz allein würde
mich nicht bewogen haben, dem seltsamen Manne meine Hand
zu reichen. Es ist geschehen und ich habe geduldet —"

„Wie eine edle, gottergebene Frau! O, wer hätte da=
mals ahnen können, daß des Fürsten Herz nicht mehr frei
war, daß er eine stille, aber tiefe Leidenschaft bekämpfte, die
wir für angeborene Melancholie hielten. An Deiner Seite,
hofften wir, sollte er sich dem Vollgenusse des Lebens wieder
hingeben — es ist leider anders gekommen. Balduin ist also
für Dich verloren?"

„Mir ist nur der Fürst geblieben!"

Benigna weinte still vor sich hin.

„Kannst Du mir verzeihen, Schwester?"

„Ich habe Dir ja nicht gezürnt. Hilf mir ferner, das

Werk der Heilung zu vollbringen, denn ich kann das stille Leiden des Fürsten nicht tragen. Und auch Sie, Doktor —"

„Meine Kunst, edle Frau, ist zu ohnmächtig! ich bewundere Ihren Heroismus, Ihre Resignation! Sie entsagen aus Liebe zum Gemal — der Liebe!"

„Kann ich anders, um ihn zu heilen? Ich habe lange gekämpft. — Soll der Fürst dem Jammer erliegen, den er mir zu verbergen gesucht?"

„Still, er erwacht!"

Ignaz gab ein Zeichen mit der Hand. Benigna und der Arzt zogen sich in die Tiefe des Zimmers zurück, daß die Blicke des Kranken sie nicht erreichen konnten.

„War es denn ein Traum?" fragte Balduin, der mit der Hand über die Stirn fuhr, als ob er sich ermuntern wolle. „Dann war es ein schöner Traum. Ich habe Charlotten gesprochen, sie war betrübt, kummervoll. — Ach, und Benigna! Ich habe zu viel, zu viel gewagt! Ich habe das hochherzige Weib betrogen! Mein Gott, mußte ich denn nicht? Mit dem festen Willen, die Vergangenheit zu vergessen, habe ich ihr die Hand gereicht: aber der Wille scheiterte an der Schwäche des Herzens. Nun kennt Benigna das unselige Geheimniß — Fügung, Fügung!" rief er bitter lachend. „Es fällt kein Sperling vom Dache, ohne den Willen dessen, der ihn geschaffen. — Mein Werk ist nun zu Ende, das Waldschloß, in dem ich eine glückliche Zeit verlebt, und ich war nur eingebildet glücklich, steht vollendet da, vollendet durch meine Hand — das hat ein Fürst gezimmert und geschnitzt! wird die Nachwelt sagen. Er war Künstler aus Neigung und hat seine Zeit wohl benützt. — Ich bin fertig! Was zögere ich denn noch? Dort, in dem Sekretär, liegt mein Testament, man wird es schon finden. — Alles ist bedacht, festgestellt — Benigna mag meinem Bruder die Hand reichen!"

Er verließ rasch seinen Platz und griff nach der Windbüchse, deren Lauf er auf die Brust richtete.

„Balduin!" schrie die hervorstürzende Benigna.

Ignaz hatte sich des Gewehrs bereits bemächtigt. Er schleuderte es durch das Fenster in den Park.

Der Fürst schien wieder in die Tobsucht zu verfallen. Er ballte die Fäuste und starrte zornig den Schwager an, der ihm die Waffe entrissen hatte.

„Bin ich meiner selbst nicht mehr Herr?" rief er. „Wer wagt es, mich zu beherrschen?"

Ignaz trat ihm würdevoll näher.

„Hast Du die Worte vergessen, Balduin, die meine Schwester Dir gesagt?"

„Benigna?"

„Verschmähst Du das Opfer, das sie Dir bringt? Sie will Deine Schwester sein? Du hast mich für Deinen Freund gehalten — nimm mich als Bruder hin. Charlotte lebt! Die unglückliche Charlotte! Du hast ihr Verpflichtungen zu erfüllen. Erfülle sie, denn jetzt kannst Du es. Du, Benigna und ich, wir allein kennen das Geheimniß."

„Charlotte wäre schuldlos? Sagte mir Benigna nicht so?"

„Ich wiederhole und bestätige es."

„Du, Ignaz?"

„Folge Deinem Herzen und sei glücklich! Die Konvenienz hat Dich des Glückes beraubt; sie mag es Dir nun zurückgeben. Ich selbst werde Dir Charlotten zuführen."

Balduin zitterte. Die Erinnerung mochte ihm ganz zu=
rückkehren. Rasch reichte er Ignaz die Hand.

„O, wie unglücklich bin ich!" rief er erschüttert. „Ihr
überhäuft mich mit Wohlthaten, und ich muß Euch mit Gleich=
giltigkeit danken!"

„Sei ein Mann, Balduin!"

„Ich will es sein!" versicherte der Kranke.

„Uebertrage der Fürstin die Regierung, ich werde ihr
zur Seite stehen — Du magst reisen mit Charlotten, Dei=
ner ersten Frau, oder magst still in dem Waldschlosse
wohnen."

„Meiner ersten Frau!" stammelte der Fürst.

Ein kalter Schauder durchrieselte ihn, indem er das
Wort murmelte: „Bigamie!"

„Tröste Dich, Freund, Du trägst die Schuld nicht!
Aber willst Du uns Alle beruhigen, willst Du Deinem Lande
eine Wohlthat erzeigen, das unter den obwaltenden Verhält=
nissen einer energischen Regierung bedarf, so ernenne die
Fürstin zur Regentin — Dein Rücktritt ist leicht zu ent=
schuldigen — schütze angegriffene Gesundheit vor. Durch die=
sen Schritt machst Du den Agitationen Deines Bruders
Ewald ein Ende, von dem die Verdächtigung Charlotte's zu=
erst ausgegangen ist. Nicht wir schmieden Ränke gegen Dich,
wie Du wähnst; Ewald allein ist Dein Feind, der nach der
Fürstenkrone strebt. Erkenne doch endlich Deine wahren
Freunde. Wer hat so lange über Dich gewacht, ohne daß
Du es wußtest? Deine Gattin und Dein Schwager. Wir
haben Deinen bizarrsten Launen gefröhnt, um Deine Ruhe
nicht zu stören. Wir haben auch nach Charlotten geforscht

und sie endlich gefunden. Die Fürstin hat Dir einen unzweideu=
tigen Beweis geliefert, daß sie Dich schätzt und ehrt, daß sie
Dein Glück will. Auf mich hast Du den Verdacht geworfen,
daß ich Dir nach dem Leben trachte — wollte ich Deinen
Tod, mein armer Freund, ich würde Dir die Büchse nicht
entrissen haben, deren Kugel Deine Brust durchbohren sollte."

Balduin wiegte das Haupt, als wollte er sagen: Das
ist wahr!

Ignaz fuhr fort:

„Aus meiner Hand empfängst Du Deine erste Gattin
zurück, jene Charlotte, an der Dein Herz immer noch in
Liebe hängt. Hältst Du mich nun für Deinen wahren
Freund?"

„Ja! Ja!" murmelte der Kranke.

„So sei aufrichtig, Balduin!" rief Ignaz mahnend.

„Sprich, sprich!"

„Wo ist Dein Sohn?"

„Mein Sohn, der schöne blonde Knabe?"

„Derselbe."

„Ich weiß es nicht! Man sagt, Charlotte habe ihn in
den Abgrund geschleudert."

„Wer sagt es?"

„Ein Augenzeuge."

„Und wer ist dieser Augenzeuge?"

„Mein Bruder Ewald, der jene Nacht in dem Wald=
schlosse verbrachte."

„Also Ewald! Du sprachst vorhin von einem Testa=
mente — Balduin, übergib es mir, Deinem besten
Freunde —"

Der kranke Fürst öffnete den Sekretär und holte ein Packet Papiere hervor, das mit einem schwarzen Bande umwunden war.

Dann fragte er zitternd:

„Ist Charlotte unschuldig, hat sie mich nicht verrathen, hat sie mir treue Liebe bewahrt? Ich gebe Alles hin für die Gewißheit, Charlotte hat mich wahrhaft geliebt. Sieh', Ignaz, der Zweifel nagt mit giftigem Zahne an meinem Herzen, er zerfleischt es nach und nach und macht mich wahnsinnig. Woran soll ich denken? Oft kommt eine schwarze Wolke, die selbst die heitere Sonne der Kunst verhüllt, die ich übe. Dann habe ich keine Ruhe — Ich sehe mein todtes Kind mit zerschmetterten Gliedern, ich sehe Charlotten, die an der Brust eines Andern ruht — Ich bin unglücklich. Doch nun laßt mich allein. Fordert nicht auf einmal zu viel von mir. Aber habt Ihr mich betrogen, habt Ihr mir Dinge und Verhältnisse vorgespiegelt, die nicht existiren, dann —"

Sein Auge flammte wieder auf und seine Hand hob sich drohend.

„Ich selbst führe Dir Charlotte zu!" rief Benigna.

Balduin wandte sich schmerzlich ab.

„Ach, ich bin doch recht elend!" rief er, sich auf den Divan werfend.

Der Arzt bat, man möge ihn mit dem Kranken allein lassen. Die beiden anderen Personen zogen sich zurück.

„Doktor," sagte der Fürst, „ich werde noch nicht reisen!"

„Gnädiger Herr, wie sind Sie zu der Windbüchse gekommen?" fragte der Arzt.

„Ich habe sie in diesem Zimmer vorgefunden. Glauben Sie, ich könne mit einem solchen Instrumente nicht umgehen?"

„Ich glaube nichts, ich will nichts glauben; aber ich muß Sie bitten, jede starke Erregung zu vermeiden, wenn anders ich Sie dem frohen Augenblicke erhalten soll, der Sie mit Charlotten zusammenführen soll."

„Charlotte, Charlotte! O, dieser Name hat einen wunderbaren Klang! Mich tröstet Eins, Doktor," fuhr der Fürst in einem völlig veränderten Tone fort.

„Was?"

„Ich glaube doch, man trachtet mir nicht nach dem Leben."

„Und ich bin fest überzeugt davon!" versicherte der Greis. „Wer könnte auch ein Interesse daran haben?"

„Ignaz hat mir das Gewehr entrissen —"

„Weil er Sie noch lange erhalten will."

„Und Benigna bringt mir Charlotten. Ja, Beide wollen mein Glück; ich bin nun überzeugt davon. Mit ihr wohne ich im Waldschlosse — sie soll die Kunstwerke sehen, die ich geschaffen habe. Aber Doktor," fragte er ganz leise, „wo ist mein Sohn?"

„Ihr Sohn?"

„Der schöne, blonde Knabe."

„Er lebt bei der Mutter, die ihn erzogen hat."

„Nun ist er kein Knabe mehr —"

„Er ist ein stattlicher Mann geworden, ähnlich seinem Vater."

„Bringt ihn Charlotte mit?"

„Gewiß! Gewiß!"

„Ach, wenn sie mich nur nicht verrathen hat!"

„Ich verbürge mit meiner Ehre, daß Charlotte Ihnen stets treu gewesen. Sie selbst haben sich mit Schreckbildern gepeinigt, die nicht existiren. Nun ruhen Sie, erholen Sie sich und geben Sie sich den Freuden des Lebens wieder hin."

„Führen Sie mich in den Park; ich will die freie, frische Luft genießen."

Man sah den Arzt und den Kranken später in den Wegen des Gartens. Für diesmal hoffte man eine vollkommen glückliche Wendung der Krankheit, die schon oft sich zum Bessern geneigt, plötzlich aber in die alte Bahn zurückgetreten war.

Das Auffinden Charlottens befestigte die Hoffnung der edlen Gattin, die bis jetzt vergebens ein Mittel gesucht, die Schwermuth des unglücklichen Fürsten zu verscheuchen. Es hatte langer Jahre bedurft, um die so eben beschriebene Szene vorzubereiten.

Die Windbüchse hatte der Arzt selbst in das Zimmer gebracht; man hatte sich ihrer bedient, um den Kranken zu überzeugen, daß sein Schwager ihm nicht nach dem Leben trachte.

„Nun darf ich es wagen," sagte Benigna zu dem Bruder. „Ich suche die unglückliche Frau auf, von mir soll sie erfahren, wie wir sie für das namenlose Leid zu entschädigen gedenken, das eine verruchte Intrigue ihr zugefügt. Von mir — die Frau spricht zu der Frau!"

Ignaz ergriff sanft die Hand der Fürstin.

„Schwester, hast Du Dein Herz auch ernstlich ge-
prüft!" fragte er traurig. „Begreifst Du auch ganz das
Opfer, das Du bringst? Fühlst Du, daß Du später nicht
bereuen wirst? Ist Charlotte einmal dem armen Balduin
zugeführt, hat sein Geist die Wirklichkeit nur annähernd
richtig erfaßt, dann ist er für Dich verloren."

„Glaubst Du, Bruder, ich sei nicht mit mir zu Rathe
gegangen? Die Milderung der Krankheit ist nur durch das
angegebene Mittel möglich, vielleicht sogar die völlige Heilung. Dann ist mein heißer Wunsch erfüllt. Balduin liebt
mich nicht, sein kranker Geist hängt immer noch an dem
Gegenstande seiner Jugendliebe. — Welchen Vortheil habe
ich, wenn er krank bleibt? Der Jammer verzehrt mich bei
dem traurigen Anblicke, und wird der Zustand des Fürsten
bekannt, den geheim zu halten es uns bis heute durch die
gewandtesten Mittel gelungen, dann trägt Ewald den Sieg
davon — er, mein tödtlich gehaßter Feind! Unglücklich bleibe
ich, wie es auch kommen möge. — Balduin soll wenigstens
nicht mit mir leiden, denn, gestehe es nur, Bruder, wir Beide
sind nicht ganz ohne Schuld. Wir haben sie theils gesühnt,
theils sühnen wir sie noch. Gebe Gott, daß es mir gelinge,
durch äußern Glanz den Jammer des Herzens zu ersticken.
Bedenke, was ich gelitten habe! Bedenke, was ich noch leiden muß, wenn dem Gemal die Gemüthsruhe nicht zurück-
gegeben wird. Ich habe ihn schon längst verloren; muß es
mich nicht freuen, wenn ich den Armen glücklich sehe? Mein
Entschluß steht unerschütterlich fest: ich gehe zu Charlotten.
Sorge Du, daß die Doppelehe nicht bekannt werde. Vergiß
auch nicht, das Verhältniß zu erforschen, in dem Balduin

zu dem verstorbenen Zimmermann stand. Ach, dort kommt meine Mutter! Gehe, Bruder, an die Geschäfte; ich werde suchen, mich mit der alten Dame zu unterhalten."

Sechstes Capitel.

Im Forsthause.

Louise hatte ihre Korrespondenz mit Albert fortgesetzt. Statt in der Weide, fand sie nun die Briefe unter der Schwelle der Gartenthüre.

Eines Morgens erhielt sie folgende Zeilen:

„Ich muß Dich sehen, Louise, wenn ich nicht umkommen soll. Ach, die Sehnsucht nach Dir verzehrt mich. Könnte ich kommen, ich würde nicht einen Augenblick zögern — komme Du zu mir, nur für einen Augenblick. Schreibe mir, wenn es Dir möglich ist. Dann sende ich Dir einen Boten, einen zuverlässigen Mann."

„Er lebt, er lebt doch!" dachte das entzückte Mädchen. „Ich soll ihn wiedersehen! Aber mein Gott, wenn das Ganze Betrug, vielleicht eine Schlinge wäre, die boshafte Menschen mir legen? Nein, ich will nicht feig sein; jetzt liegt es in meiner Hand, die Wahrheit zu ergründen, und ich will nicht zögern. Wie aber fange ich es an, mich für einen Tag zu entfernen, ohne der Mutter Sorgen zu bereiten?"

Der Zufall, dieser Beschützer der Liebenden, kam ihr zu Hilfe.

Mittags sagte die Mutter:

„Die Mama ist so weit wieder hergestellt, daß sie ausfahren kann. Der Arzt hat ihr frische Luft verordnet. Wir werden morgen Früh sechs Uhr nach Buchau fahren und dort den ganzen Tag in dem Häuschen verbringen, das Mama geerbt hat. Du, Louise, wirst das Haus hüten."

Das war ihr schon recht.

„Was willst Du, mein Kind?"

„Ist denn der Pflegesohn des alten Brand wirklich verschwunden?"

„Man sagt, er habe sich das Leben genommen."

Louise suchte ihre Angst zu verbergen.

„Wer sagt es?"

„Der Vater."

„Das wäre gräßlich."

„Kümmert's Dich, Mädchen?"

„Nein."

„So schweige."

„Ein Selbstmord bleibt doch immer ein Ereigniß, das den denkenden Menschen mit Entsetzen erfüllt. Vermuthet man nicht, was den jungen Mann dazu getrieben?"

„Vielleicht der Groll über die verloren gegangene Erbschaft. Der Bursch wollte hoch hinaus, wollte großartig den Architekten spielen und verachtete das Schurzleder. Man kennt das. Wie der Vater gehört, hat man die verweſte Leiche eines jungen Mannes aus dem großen Teiche der Fabrik gezogen — das wird wohl der ſaubere Herr Brand geweſen ſein. Nun, Gott hat es ſo gefügt, und wir wollen den Todten weiter nicht verdammen, der ſanft ruhen möge."

Der Eindruck läßt ſich denken, den dieſe Nachricht auf die arme Louiſe ausübte. Sie ging in ihr Stübchen und weinte. Sie hatte lange nachgedacht. Endlich ergriff ſie die Feder und ſchrieb:

„Ich komme, mein Geliebter! Sende mir morgen Früh halb ſieben Uhr den Boten, der mich zu Dir führt. Er mag mich an der Gartenthüre erwarten. Louiſe."

Sie faltete das Briefchen in der gewohnten Weiſe.

„Ich muß Gewißheit haben um jeden Preis!" dachte ſie. „Iſt Albert todt, ſo gilt es mir gleich, ob ich einer Gefahr entgegen gehe oder nicht — lebt er, und die Briefe haben mich nicht betrogen, dann bin ich glücklich! Ach, ich bin doppelt glücklich, denn ich kann dann den Verdacht gegen den Vater ſchwinden laſſen. Und ſo werde ich gehen!"

Der Tag verfloß.

Abends kam der Vater, wie gewöhnlich, trunken nach Hauſe. Auch er erzählte von der aufgefundenen Leiche.

„Cöleſtine," rief er, „Du biſt bibelfeſt —"

„Laß das dieſen Abend, Konrad!" unterbrach ihn ver= drießlich die Gattin. „Du profanirſt die heilige Schrift, wenn Du im erregten Zuſtande darüber ſprichſt."

„Bin ich erregt, Frau?"

„Dein Geſicht glüht wie Feuer und Dein Athem riecht nach Wein."

„Immerhin, Frau. Ich will wissen, ob mit dem Tode Alles aus ist oder nicht."

Louise schauderte zurück.

Meister Gerold blies große Rauchwolken aus seiner Zigarre und die bibelfeste Frau, die vor Groll blaß geworden, strickte so heftig, daß die Nadeln klapperten. Sie konnte sich nicht beherrschen.

„Vermessener!" rief sie nach einer Pause, in welcher der Groll zum Durchbruch gekommen. „Schon der Gedanke, der leiseste Zweifel ist sträflich. O, man kennt die Verderbtheit der Welt. Sie will das ewige Gericht wegphilosophiren, weil sie es fürchtet und sucht einen Trost in dem gräßlichen Satze: Mit dem Tode ist Alles aus! Nein, mein Freund, mit dem Tode geht das Leben des Menschen erst an. Unser Dasein auf der Erde ist die Vorbereitung dazu."

Meister Gerold brach in wildes Lachen aus.

„Weibergewäsch! Die Naturforscher sprechen anders!"

„Weil sie Frevler, vermessene Sünder sind! Nun schweige, Konrad, ich kann solche Dinge nicht hören!"

Konrad schwieg; aber er starrte so düster vor sich hin, als ob das Gewissen den Nebel zerstreute, den der Wein um seinen Geist gelegt.

Gegen neun Uhr schlüpfte Louise aus dem Hause; sie brachte ihr Briefchen unter die Schwelle der Gartenthüre. Das Geschäft war in einer Viertelstunde abgethan.

Als sie heim ging, betrachtete sie die Sterne, die in köstlicher Klarheit an dem tiefblauen Nachthimmel standen. Zwischen ihnen zeigte sich die Sichel des Mondes, mildes Licht verbreitend.

„Hat nicht ein weiser und allmächtiger Schöpfer alle diese Weltkörper hervorgebracht, die regelmäßig, nach unveränderlichen Gesetzen, ihre Bahn durchlaufen? Wer erhält, wer beherrscht sie? Nein, nein, der Vater hat Unrecht — es gibt einen Gott, und Gott wird den Geist des Menschen nicht umkommen lassen. Wir sehen uns in jener Welt wieder. Guter Gott! verzeihe meinem Vater; gib, daß ich morgen Nachrichten bringe, die ihn beruhigen. Die Gewissensangst, die Verzweiflung spricht aus ihm!"

Hätte nicht die Liebe schon den Entschluß, mit dem Boten zu gehen, festgestellt, das Mitleiden mit dem Vater würde es vollbracht haben.

Louise erreichte unbemerkt ihr Stübchen. Nachdem sie Hut und Mantel abgelegt, ging sie noch einmal in das Wohnzimmer.

Der Vater saß fest schlafend in dem Sopha, die Mutter trug die Ausgaben, die sie in den letzten Tagen gemacht, in ein Buch. Man mußte es ihr nachrühmen, daß sie auf Ordnung hielt.

„Zu Bett, Louise," sagte sie gegen zehn Uhr; „wir müssen zeitig aufstehen. Punkt sechs ist der Wagen bestellt, der uns nach Buchau bringt."

Die Nacht verging.

Schon vor fünf Uhr am nächsten Morgen weckte Frau Gerold die Domestiken. Mit dem Schlage sechs kam der Wagen, den Frau Gerold und Frau Wiprecht bestiegen. Nun machte Louise rasch Toilette. Sie schloß sich dem Vater an, der um diese Zeit nach dem Zimmerplatze zu gehen pflegte.

„Warte diesen Mittag nicht auf mich," sagte er beim Abschiede, „ich werde auf der Zuckerfabrik speisen, wohin mich ein Geschäft führt."

Das war der armen Braut schon recht; sie hatte nun für den ganzen Tag freie Hand. Bald stand sie an der Gartenthür. Wie peinliche, seltsame und poetische Augenblicke hatte sie hier verlebt! Hier hatte sie mit einem Todten verkehrt, hatte selbst, so wähnte sie, seine Hand berührt; und nun harrte sie eines Boten von ihm, von Albert, der noch lebte. Sie konnte es kaum über sich gewinnen, an die Wirklichkeit dessen, was geschehen, zu glauben. Der leere Platz, wo sonst die Weide gestanden, erfüllte sie mit Wehmuth. An jenem Orte hatte sie ja auch mit ihm gesprochen, hatten sie sich die Versicherung ewiger Liebe gegeben.

Auf dem Thurme der nahen Pfarrkirche schlug es halb sieben.

Louise erschrak.

„Ob er pünktlich sein wird?" fragte sie sich.

Sie zog den Schleier vor das Gesicht, denn ein kleiner Mann trat rasch in die Gasse und näherte sich der Gartenthür. Es war Fabian. Er trug einen eleganten Zivilanzug. Grüßend zog er seinen braunen Filzhut. Dann überreichte er ein zierliches Briefchen. Louise war erstaunt, daß der Bote nicht sprach. Sie las indeß den Brief.

„Vertraue, meine Geliebte, dem Boten; er wird Dich sicher zu mir führen. Der arme Fabian kann nicht sprechen, aber er ist treu wie Gold. Mit Sehnsucht zähle ich jede Stunde, jede Minute. Eile zu Deinem — Albert."

Das war wiederum eine Ueberraschung. Albert sandte einen stummen Boten. Unwillkürlich fragte sie den Stummen:

„Sie können nicht sprechen?“

Fabian zuckte mit den Achseln, als ob er sagen wollte: „Leider!“

„Ihnen kann ich mich also anvertrauen?“

Der kleine Mann legte die rechte Hand auf die linke Seite der Brust und verneigte sich. Dann deutete er auf den Brief, der seine Empfehlung enthielt.

„Haben wir weit?“

Fabian verneinte es durch ein Zeichen mit dem Kopfe.

„Ich bitte, führen Sie mich!“

Der Stumme ließ ehrerbietig die Dame rechts gehen; er kannte als galanter Kavalier seine Pflicht. Die Zaungassen zwischen den Gärten waren bald zu Ende. Man ging noch einen schmalen Weg an einer Hecke hin und kam auf einen Rasenplatz. Hier hielt ein eleganter, mit zwei muthigen Pferden bespannter Wagen. Der bärtige Kutscher saß stolz auf seinem hohen Bocke, ohne sich zu rühren. Fabian öffnete ehrerbietig den Schlag und forderte durch eine Handbewegung auf, einzusteigen.

Louise saß in den mit gelber Seide überzogenen Polstern.

Fabian schloß die Thür, der Wagen rollte federleicht davon.

Nun trat ein Mann aus der nächsten Gasse hervor. Er hatte Alles gesehen.

„Wetter,“ murmelte er, „die Tochter des Zimmermeisters fährt in einem solchen Wagen! Und schon so früh!

Das hat etwas zu bedeuten! Ich komme doch immer zu spät.“

Es war Fritz Blei, der am hellen Morgen von einem Zechgelage zurückkehrte; sein Rausch war schon so weit verflogen, daß er hören und sehen konnte.

„Wunderliche Dinge!“ murmelte er. „Das muß ich dem Herrn Intendanten sagen. Die vornehme Kutsche, die schönen Pferde, der bärtige Kutscher, der kleine Herr, der den Wagen öffnete — dies Alles muß ich mir merken. Die Zeche von dieser Nacht wäre verdient. Wäre ich gut zu Fuß, ich liefe dem Wagen nach.“

Fritz taumelte weiter, dem Wasserthore zu, wo er wohnte.

Louise saß sinnend in dem Wagen. Sie hatte den Schleier zurückgeworfen und betrachtete durch die Spiegelscheiben die Landschaft, um zu wissen, wohin sie gebracht wurde.

Eine Zeit lang blieb der Wagen auf der Chaussee; dann aber bog er ab und rollte durch das Feld. Nun war es aus mit ihrer Ortskenntniß; sie kannte keines der Dörfer, die rechts und links in den üppigen Feldern lagen. Hier und dort waren fleißige Landleute beschäftigt, das Korn zu mähen. Auf anderen Flächen arbeiteten große Gruppen von Frauen und Kindern; es waren die zu der Zuckerfabrik gehörigen Felder, die einen Umfang von mehreren Stunden hatten. Das Schauspiel menschlicher Thätigkeit zerstreute die Reisende für einige Zeit. Pfeilschnell flog der leichte Wagen dahin.

„Mein Gott!“ rief Louise plötzlich. „Man entfernt mich weit von der Stadt!“

Sie sah nach ihrer Uhr. Länger als eine halbe Stunde hatte der Wagen sie im Fluge davongetragen. Und die Arme hatte geglaubt, Albert wohne, wenn auch nicht in der Stadt, doch ganz in der Nähe derselben. Sollte man tückisch eine Entführung beabsichtigen? Dieser Gedanke fiel dem jungen Mädchen schwer auf das Herz; es fühlte sich geneigt, den Muth zu bereuen, mit dem es auf den Plan eingegangen. Sie hätte wenigstens größere Garantien für ihre Sicherheit fordern sollen, als den Brief, der nachgeahmt sein konnte.

Der Wagen rollte durch eine Allee alter Obstbäume. Zu beiden Seiten zeigten sich Arbeiter. Dann verschwand das Feld und ein herrlicher Eichenforst begann.

Der Weg ward uneben und mußte häufig von Gräben durchschnitten sein, da der Wagen leichte Stöße erhielt. Dies aber beeinträchtigte den Lauf desselben nicht. Die Hufschläge der Pferde blieben gleich rasch.

Louise sah um sich. Ueberall standen hohe Bäume, deren Zweige sich zu einem Gewölbe vereinigten. Eine angenehme Dämmerung herrschte in dem duftigen Raume. Die Reisende suchte sich durch den Gedanken zu trösten: „Albert ist wahrscheinlich der Sohn einer reichen Familie." Er konnte ja auf einem schönen Landsitze wohnen, konnte krank gewesen sein und sich erholen wollen. Sie betrachtete den Ring. Ein solches Geschenk konnte nur der Sohn einer reichen Familie machen.

„Du lieber Gott," flüsterte sie seufzend, „was werde ich erfahren! Ich reise wie eine Fürstin, und doch ist mir das Herz so schwer, als ob ich einer Gefahr entgegenginge!"

Der Wagen rollte über eine Brücke.

Louise erschrak.

Plötzlich ward es hell; der Wald war verschwunden. Heller Sonnenschein drang durch die Fenster des Wagens, der sanft über weichen Rasen rollte und dann hielt.

Louise sah nach der Uhr.

Sie war genau eine Stunde gefahren.

„Was wird nun werden?" dachte sie. „Ob ich am Ziele bin?"

Das Ziel war erreicht.

Fabian öffnete den Schlag. Durch freundliche Mienen lud er zum Aussteigen ein. Das junge Mädchen sprang zu Boden.

„Wo bin ich denn?"

Der Stumme deutete auf ein altes, aber freundliches Haus, über dessen Thür ein riesiges Hirschgeweih prangte. Die Wände waren so dicht von Weinreben überzogen, daß man kaum die Fenster gewahren konnte. Eine ungeheuere Linde, die jenseits stand, hing ihre dichtbeblätterten Zweige über das Dach, das mit hellgrauem Schiefer gedeckt war. In der Thür stand eine große dicke Frau mit kugelrundem Gesichte. Ihre Wangen glichen rothen Franzäpfeln. Eine schneeweiße Schürze, die zugleich den hohen Busen bedeckte, schloß den starken Körper ein. Seelenvergnügt betrachtete die Frau die junge Dame, die noch ängstlich an demselben Platze stand, als der Wagen schon hinter dem Hause verschwunden war.

„Kommen Sie nur, mein Fräulein," rief eine wahre Mannesstimme, „kommen Sie nur, wir haben Sie erwartet!"

Louise betrat die Hausflur.

Ueberall zeigten sich Hirschgeweihe, ausgestopfte Vögel und sonstige Jagdtrophäen, die wohlgeordnet die grauen Steinwände schmückten. Ein zahmes Reh sprang heran und beschaute die fremde Dame mit großen, klugen Augen. Es war so heimisch, so gemüthlich in dem Hause, daß Louise ihre Angst schwinden fühlte. Die dicke Frau, die einer Fleischerin glich, sie trug ihre vollen und gerötheten Arme nackt, lächelte immer noch.

„Ein treues Thier!" meinte sie, auf das Reh zeigend. „Betrachten Sie nur das Auge, mein Fräulein!"

Aber das Fräulein hatte keine Lust, das gepriesene Reh zu betrachten.

„Wo ist der Herr, der mich begleitet hat?"

„Sie meinen den stummen Fabian?"

„Ja!"

„Den lassen Sie nur laufen; aber ich rathe Ihnen, dem Rehe zu folgen, das Sie gut führen wird. Hanns, voran, in den Garten."

Das Reh blickte auf.

Die Frau wiederholte den Befehl. Da sprang das Thier durch die entgegengesetzte Thüre in den Hof, leckte aus einem Steintroge, der neben dem Brunnen stand, und lief in den Garten.

Louise folgte. Ein schattiger Laubgang nahm sie auf, der durch die ganze Länge eines Gemüsegartens führte. Hanns sprang bald hier, bald dorthin, daß die Schelle an seinem dunkelrothen Halsbande laut erklang. Der Gang mündete in eine große Laube. Als Louise in den Eingang dieser Laube trat, sah sie einen jungen Mann in einem Lehnstuhle sitzen. Die

linke Hand desselben stützte den Kopf, die rechte spielte mit
dem Reh, das sich die Liebkosungen ruhig gefallen ließ. Sollte
dieser elegant gekleidete Mann Albert sein? Das war sein
krauses schwarzes Haar, sein schlanker Wuchs. — Aber
warum erwartete er die Geliebte nicht, von der er doch wußte,
daß sie ankommen würde? Warum saß er sorglos und träge
in dem bequemen Stuhle? Er mußte es doch wohl nicht
sein; wäre er es, so hätte er die Minuten und die Sekunden bis zur Ankunft der Braut zählen müssen. Vielleicht war
er noch krank. Louise wußte nicht, was sie beginnen sollte.
Und es kam auch Niemand, der den Vermittler machte. Jetzt
saß der junge Mann völlig regungslos; er hatte keine Auf-
merksamkeit mehr für das Reh, das sich einige Augenblicke
in der Laube tummelte und dann in den Garten hinaus-
sprang, wo es zwischen den Büschen verschwand.

Eine peinliche Angst hatte sich der armen Braut bemächtigt. Wie anders hatte sie sich den Empfang nach der
langen Trennung gedacht, nach dem Herzensweh, nach der
Sehnsucht und dem Hoffen und Harren. Jener dort konnte
doch wohl Albert nicht sein. Jetzt ließ er das Haupt tief auf
die Brust herabsinken und schrieb mit einem Stocke Buchstaben in den Sand. Dann erhob er sich und trat an eine
Oeffnung der Laube, die eine Aussicht nach dem Walde
gestattete.

„Der Wagen kommt noch nicht zurück!" murmelte er
so laut, daß es Louise deutlich verstehen konnte. „Fabian
muß auf Hindernisse gestoßen sein — er wartet vielleicht vergebens an der Thür des Gartens. Ach, Louise, wenn Du
den armen Zimmermann vergessen hättest! Oder wenn man

mir Briefe gebracht, die nicht von ihr, die eine geschickte Hand nachgeahmt —"

Er lehnte sich an eine der Linden, deren Zweige die Laube bildeten. Fest und unverwandt sah er nach dem Walde.

„Und doch ist's Albert!" dachte Louise, von einem Wonneschauer durchbebt. „Er erwartet mich!"

Sie näherte sich ihm, der ihr den Rücken zuwandte.

„Albert!" rief leise das junge Mädchen.

Er zuckte zusammen.

Nun wandte er sich um.

Sie sah sein bleiches Gesicht, das ein schwarzes Bärtchen schmückte. Wie hatte er sich verändert.

„Louise!" schrie er auf.

„Ich bin's, Albert!"

Er schwankte ihr entgegen. Die Kraft des Rekonvaleszenten reichte nicht aus — er brach zusammen, er lag vor ihr auf den Knieen, die bebenden Arme emporgestreckt. Sie sank neben ihm nieder — fest umschlang sie seinen Hals — Lippe brannte auf Lippe, Herz schlug an Herz.

„Du lebst! Du lebst!" schluchzte endlich Louise. „Wie soll ich Gott danken für das mir gewordene Glück!"

„Bist Du es denn auch, Louise?" fragte er, nachdem er ihre Wangen stürmisch mit Küssen bedeckt hatte.

„Gewiß, ich bin da!"

„Laß mich in Dein treues Auge sehen, Deine Stirn, Deine Hand berühren! Du bist es wirklich, Louise! Ich habe furchtbar gelitten; nun leide ich nicht mehr. Die Tage des Jammers sind vorüber. Aber auch Du bist bleich geworden

— Deine blühenden Wangen sind nicht mehr — habe ich Dir Kummer bereitet? Lege es mir nicht zur Last — ich konnte nicht kommen, ich bin schon todt gewesen. —"

„Herr Gott im Himmel!"

„Man hatte Böses mit mir im Sinne."

„Beklage Dich jetzt nicht, Albert."

„Nein, nein!"

„Freuen wir uns des Wiederfehens. Ach, wie bleich Du bist, armer Freund!"

Weinend küßte sie ihm die hageren Wangen. Sie wollte nicht klagen, aber sie weinte bitterlich wie ein Kind, das sich nicht zu fassen vermag. Ihre Thränen netzten sein Gesicht.

„Ich habe Dich als todt beweint!" flüsterte sie.

„Laß das, laß das!" rief nun Albert. „Ich will Dein Lächeln sehen, Deine freudige Stimme hören, daß ich selbst mich freuen kann. Die Angst bevor Du ankamst, hat mich fast getödtet. Dorthin, nach dem Walde, starrte ich, wo der Weg ausmündet — von dort mußte der Wagen kommen, die Minuten wurden mir zu Stunden — jedes Geräusch erschreckte mich — Aber der Wagen blieb aus! Da riefst Du mich — Deine Stimme klang wie aus dem Himmel — Ich habe sie oft so im Traume gehört — Du erschienst mir im weißen Kleide, einen Rosenkranz im Haar — ich wollte mit Dir sprechen, aber Du antwortetest nicht — dann wieder lagst Du, wie jetzt, an meiner Brust —"

Sie neigte ihr Köpfchen und flüsterte: „Hier möchte ich immer ruhen; ich kann ohne Dich nicht leben!"

Wie im Krampfe hielt er das geliebte Mädchen umschlungen.

„Trägst Du meinen Ring?" fragte er haftig.

„Hier! Hier!"

Sie zeigte ihm das Juwel.

„Und den Deinigen?"

„Nimm ihn, Albert, ich habe ihn mitgebracht."

Louise steckte ihm einen einfachen Goldreif an den Finger.

„So kostbar, als der Deinige, ist er nicht," fügte sie
erröthend hinzu; „aber er ist doch immer ein Verlobungsring."

„Meine verlobte Braut!" rief Albert aus. „Verbinden
wir uns heute für immer —"

„Für das ganze Leben!"

Nach einer innigen Umarmung erhoben sie sich; Louise
mußte den Rekonvaleszenten unterstützen. Arm in Arm gingen
Beide durch den Garten, der von einer stärkenden Waldluft
erfüllt war. Ein wahrer Gottesfrieden lag über der stillen
Landschaft. Bienen und Käfer summten, muntere Vögel sangen
in den Obstbäumen, deren Zweige eine Fülle von Früchten
beugte. Hoch oben im blauen Aether schwebte schwirrend die
Lerche, und tiefer schoß die Schwalbe vorüber, in zarten Tönen
pfeifend vor Lust.

Die Liebenden sprachen nicht; sie unterhielten sich durch
zärtliche Blicke und Händedrücke. Gab es denn auch Worte
für die Seligkeit, die sie empfanden? Louise ging an der Seite
des Geliebten, den sie für todt gehalten; Albert drückte die
Hand des Mädchen, das ihm ein hartes Schicksal streitig zu
machen suchte. Nie hat wohl eine Trennung unter traurigern
Umständen stattgefunden — wie wunderbar mußte das Wiedersehen sein, das Beide noch im letzten Augenblicke bezweifelten.

Und nun waren sie beisammen, treu, liebend und glücklich, in einer paradiesischen Gegend.

„Du bist erschöpft,“ sagte Louise.

„Meine Kräfte nehmen mit jedem Tage zu.“

„Wo lassen wir uns nieder?“

Albert bezeichnete einen schmalen Fußpfad, der sich zwischen Beeten, die mit türkischem Waizen bepflanzt waren, fortwand.

„Gehen wir noch zwei Minuten weiter. Dann erreichen wir mein Lieblingsplätzchen.“

An das Beet grenzte ein Hügel und auf diesem Hügel stand eine kugelrunde Linde. Der Weg zog sich in sanften Windungen empor. Die Bank unter der Linde bot ein reizendes Plätzchen. Ueber den Gartenzaun hinweg sah man eine fette Wiese, die einen Einschnitt in den Eichenforst bildete. Ein Rudel Rehe graste auf dem dunkelgrünen, mit gelben Blumen durchwebten Teppich. Die schlanken Thiere zeigten keine Furcht; sorglos näherten sie sich dem Zaune, um von den Blättern zu pflücken.

„Hier habe ich oft von Dir geträumt!“ sagte Albert.

Er zeigte auf eine Sprosse der braunen Bank. Mehr als zehnmal war der Name Louise eingeschnitten. Und Louise stand in dem weißem Sande geschrieben, der den Boden bedeckte.

„Warum verfolgt man Dich?“ fragte sie weinend. „Warum trachtet man Dir nach den Leben?“

„Noch weiß ich es nicht,“ antwortete traurig der junge Mann. „Ein dichter Schleier ruht über der Vergangenheit —“

„Zerreiße den Schleier!“

„Ich habe gelobt, mich ruhig zu verhalten."

„Wenn man Dir nun sagt, Du bist der Sohn einer vornehmen Familie?"

„Das hoffe ich!"

„Wenn Deine neue Stellung Dir verbietet, mich zu lieben?"

„Dann werde ich die Stellung aufgeben!"

„Albert! Albert!"

„Dann bleibe ich der schlichte Zimmermann, der mit Beil und Winkelmaß sein Brod verdient. Aber, Louise, wenn man Dir verbietet, den Zimmergesellen zu lieben?"

„Wer kann es mir verbieten?"

„Dein Vater ist stolz, Deine Mutter will nur einen reichen Schwiegersohn —"

„Ich aber begnüge mich mit dem Zimmergesellen und müßte ich mit ihm — betteln gehen!"

Sie legte ihr Haupt an seine Schulter.

Albert drückte sie innig an sich.

„Und ich glaube Dir, meine liebe Braut!" rief er gerührt.

„Ich will keinen Reichthum."

„Auch ich gebe ihn hin, wenn ich ihn durch die Entsagung meiner Liebe erringen soll. Für mich gibt es nur eine Lebensbedingung — Du mußt meine Frau werden!"

„Denke an den Stand, dem Du möglicherweise angehören kannst —"

„Und wäre ich der Sohn eines Fürsten!"

„Albert!"

„Ich ließe nicht von Dir! So war ich an Gott glaube, der mir das Leben erhalten hat."

„Auch ich schwöre Dir!" rief Louise.

Nun erzählte Albert seine Unglücksgeschichte, die Louise zu wissen verlangte; er gedachte dabei des Zimmermeisters so schonend als möglich.

„Mein Vater hat Dich geschickt!" stammelte sie.

„Er hat gewiß nichts Arges dabei gedacht."

„Es ist gut, daß Du hier bleibst, Du darfst nicht nach der Stadt kommen. Dort lauern tückische Feinde. Aber ich sorge für Deine Sicherheit, ich, Dein treues Mädchen. Und auch das Vermögen der alten Wiprecht soll Dir werden, denn es gehört Dir, dem Sohne Brands. Jetzt, Albert laß' Deine Braut handeln —"

„Was willst Du thun, Louise?"

„Noch weiß ich es nicht. Aber beruhige Dich, lebe Deiner Gesundheit und vertraue auf mich. Der gnädige Herr, den ich in Deinem Häuschen gesprochen habe, hat mir mit seinem Worte gebürgt, daß er für Dein Bestes sorgen wolle — wir können ihm glauben. — Eine innere Stimme sagt mir, daß wir uns ihm anschließen dürfen. In der Stadt weiß ich keinen Menschen, von dem ich Beistand erwarten kann — Und bist Du genesen, dann vereinigen wir uns und trotzen allen Stürmen —"

„Louise, Du mußt schweigen, ich habe es dem gnädigen Herrn versprochen!"

„O, ich weiß nun, warum Du mir hast Deinen Mörder nicht nennen wollen."

„Offen gestanden, Louise, ich halte Deinen Vater nicht ganz frei von Schuld! Er weiß wohl, daß Du mich liebst?"

„Nein, nein; er hat keine Ahnung davon. Laß mich gewähren."

15*

Jetzt erschien Ignaz auf dem Hügel; er hatte einen Theil des Gespräches belauscht. Freundlich reichte er den beiden jungen Leuten die Hand, die ihn ehrfurchtsvoll grüßten.

„Es wird nach und nach Tag!" sagte er tröstend. „Unternehmen Sie Nichts, Fräulein, Sie würden mir sonst einen Plan zerstören, dessen Durchführung bald vollendet sein wird. Hätte ich es der Gesundheit meines jungen Freundes wegen nicht für nöthig erachtet, ich würde Sie nicht haben kommen lassen, um nicht eine neue Mitwisserin unseres Geheimnisses zu erhalten. — Jetzt sind Sie eingeweiht, und ich fordere von Ihnen, daß Sie mein Vertrauen durch die strengste Diskretion rechtfertigen. Noch einmal wiederhole ich: eine Verkettung der seltsamsten Umstände zwingt mich so zu handeln, wie ich handle. Sie werden mich fragen, warum ich nicht offen zu Ihnen spreche? Ich weiß noch nichts. Hätte Andreas Brand gewisse Papiere vor seinem Tode Ihnen oder einer mir nahestehenden Person übergeben, so würde ich mich erklären können. Für heute eröffne ich Ihnen nur: Sie werden bald Ihre Mutter sehen."

„O, gnädiger Herr!" rief Albert. „Meine Mutter, lebt meine Mutter noch?"

Louise küßte ihm die Hand.

„Ich werde zu schweigen wissen!" versicherte sie. „Ihnen vertrauen wir uns an — seien Sie unser Beschützer."

Hiermit schloß das Gespräch über diesen Gegenstand.

Gegen Mittag erschien Fabian und gab durch Zeichen zu erkennen, daß man das junge Paar im Hause erwarte.

Arm in Arm gingen Beide dorthin.

Der Förster war aus dem Walde zurückgekehrt, seine Gattin, jene dicke Frau, lud die Gäste zu Tische ein. Man speiste in dem altmodisch, aber freundlich eingerichteten Wohnzimmer.

Fabian bediente die Liebenden.

Die Frau hatte ein derbes Aeußere; aber sie war von Herzen gut und mild. Auch ihr Gatte, ein sehr breitschulteriger Mann mit ergrautem, buschigem Haar, zeigte sich als ein gemüthlicher Alter. Und wie liebreich ging er mit seiner Frau um; Philemon und Baucis konnten nicht verträglicher gelebt haben.

„Die Waldluft stärkt," sagte der Förster scherzend, „Sie sehen es an meiner Frau. Warten Sie noch einen Monat, und Herr Albert ist ein Riese. Meine Friederike sorgt für den Körper, das Fräulein sorgt für Gemüthsruhe und ich sorge für die allgemeine Sicherheit. In mein Forsthaus soll die Bosheit nicht dringen. Das verspreche ich Ihnen, so wahr ich ein ehrlicher Jäger bin, der sein Handwerk versteht."

Diese Worte deuteten an, daß Jakob Körner, so hieß der brave Alte, hinlänglich in die Verhältnisse eingeweiht war, um mit Umsicht und Erfolg auftreten zu können. Er erzählte, daß er schon fünfundzwanzig Jahre die Försterstelle bekleide und sie auch nur dann erst niederzulegen gedenke, wenn seine Hand die Büchse nicht mehr führen könne.

„Bis dahin," schloß er, „bleibe ich meinem Herrn ein treuer Diener."

In der Laube ward der Kaffee eingenommen.

Friederike bediente mit einer kolossalen Grazie, aber es war doch immer eine Grazie. Und dabei leuchteten ihre gut= müthigen Augen vor Freude, wenn sie sah, daß es den jun= gen Leuten schmeckte.

„Es war die höchste Zeit, daß Sie kamen, mein liebes Fräulein," sagte sie vertraulich; „mein Patient hat heute schon einen besseren Appetit gezeigt — wiederholen Sie nur oft Ihre Besuche, das wird die Genesung beschleunigen. Herrn Albert halte ich wie meinen Sohn, ich breite meine Hände über ihn."

Die Worte der Försterin beruhigten Louise. Die Furcht, die sie vor der starken Frau Anfangs gehegt, war ver= schwunden. Sie ließ sich gern von ihr durch das ganze Haus führen, in dem eine musterhafte Reinlichkeit und Ord= nung herrschte.

Zum Schluß zeigte sie das Zimmer, das Albert be= wohnte.

Louise sah mit Erstaunen die prachtvolle Einrichtung. Die Möbel, zwar nicht nach der neuesten Mode, zeugten von dem Reichthume des Besitzers. Die Wände waren mit Seide tapezirt und den Boden bedeckte ein schwarzer Teppich. Gar= dinen von grüner Seide verhüllten halb die Fenster. Ge= mälde, Bücher und Nippsachen fehlten nicht. Das Zimmer glich dem Boudoir einer vornehmen Dame. Louise drückte ihre Verwunderung darüber aus.

„Ja," sagte geheimnißvoll lächelnd die Alte, „hier hat vor langen Jahren eine schöne Dame gewohnt."

„Eine Dame?"

„Eine schöne und gute Dame."

„Wo ist sie jetzt?"

„Ach, wenn ich das wüßte!"

Friederike begleitete diese Worte mit einem tiefen Seufzer.

Dann zog sie den weißen Gazevorhang von einem Gemälde zurück, das zwischen Kleineren an der Wand hing.

„So hat die Dame ausgesehen, als sie hier wohnte."

Louise betrachtete erstaunt das reizende Frauenbild.

„Mein Gott!" rief sie aus, „das ist eine Aehnlich= keit —"

„Mit wem?"

„Ich erinnere mich nicht ganz genau; aber ich kenne ein junges Mädchen, welches dieser Dame auf ein Haar gleicht."

„Ein junges Mädchen — so sah die Dame vor lan= gen Jahren aus; jetzt ist sie gealtert, wenn sie noch lebt. Sie muß wohl gestorben sein, denn wäre sie es nicht, so hätte sie mich wohl schon aufgesucht, wie sie versprochen, als sie Abschied nahm. Ich habe sie nicht wiedergesehen."

Friederike trocknete eine Thräne, die ihr die Erinnerung erpreßt.

Louise sann hin und her; sie konnte die Person nicht finden, die mit dem Bilde eine so täuschende Aehnlichkeit hatte.

Albert, der gefolgt war, trat jetzt ein. Das Gespräch nahm eine andere Richtung. Da schlug die Alabasteruhr auf dem Mahagoni=Sekretär vier.

„Nun muß ich fort!" sagte Louise, die an ihre Eltern dachte.

Albert zitterte.

„Wann sehe ich Dich wieder?"

„Wir bestimmen den Tag durch Briefe, auf dem ge= wöhnlichen Wege. Du weißt, · daß ich vorsichtig verfahren muß, um das Ziel der Reise nicht zu verrathen."

Frau Friederike hatte leise das Zimmer verlassen, offenbar in der Absicht, die Unterredung der Liebenden nicht zu stören.

Jetzt betrachtete Louise ihren Geliebten.

Wie aristokratisch schön war er! Wenn nicht die starke, kräftige Hand, Nichts würde den Zimmermann verrathen haben. Der schlanke Wuchs, die edle Haltung, das schöne bleiche Gesicht mit dem schwarzen krausen Bärtchen schienen einem Offizier anzugehören, der von seinen Wunden genest. Die Umgebung trug dazu bei, die Noblesse seiner Person zu erhöhen.

Aber auch Louise paßte vollkommen in diese Umge= bung; sie war eine schöne, elegante Dame, die sich natürlich einfach, aber graziös bewegte.

Ihr feines, pikantes Gesichtchen ließ durchaus nicht auf den Stand der Eltern schließen.

Man findet Anomalien dieser Art nicht selten, und wiederum gibt es Kinder vornehmer Eltern, die weder durch Charakter und Bildung, noch durch ein empfehlendes Aeußere

ihr Herkommen bekunden. Die Geburt allein adelt den Men=
schen nicht.

„Was geht mit uns vor, Louise?" fragte der junge
Mann. „Mir ist zuweilen, als ob ich der Held irgend eines
Feenmärchens sei oder mich in einer Komödie auf dem Thea=
ter bewegte. Ich möchte dann an die Wirklichkeit nicht glau=
ben, die mich mit bösen, aber auch mit guten Menschen in
Berührung bringt. Willenlos muß ich mich der Führung
von Leuten überlassen, an die mich nichts weiter fesselt, als
eine unerklärliche Sympathie und seltsame Verhältnisse. Ach,
hätte doch Vater Brand anders gehandelt!"

„Es ist wahr!" flüsterte Louise. „Aber tadle den bra=
ven Mann nicht, er wird wohl nicht anders haben handeln
können. Auch in mir steigt der Wunsch auf: wäre doch
Alles beim Alten, wäre ich selbst die Braut des Armen ge=
blieben. Mir ist immer, als müßte ich Dich verlieren. Albert,
ich habe viel und schwer gelitten!"

„Louise, zweifelst Du schon wieder an meiner Treue?"
rief er vorwurfsvoll.

„Nein, nein! Ich fürchte nur Ereignisse, die uns
trennen!"

Albert ergriff hastig ihre Hand.

„Wir haben uns vor Gott verlobt, Louise, wir tragen
die Ringe, die wir gewechselt — unser Verlöbniß soll auch
vor den Menschen gelten. Böte man mir unter der Bedin=
gung Millionen, daß ich von Dir lassen sollte, ich würde sie
nicht annehmen, ich würde wieder zur Axt greifen und im
Schweiße meines Angesichts das Brod verdienen, das Du
mit mir theilst. Louise, kann ich denn anders? Mein Denken

und Trachten, mein Hoffen und Harren bist ja Du, nur Du! Ich bin ein Findelkind, habe keinen Namen, Vater Brand hat nicht einmal dafür gesorgt, daß ich gesetzlich als sein Sohn anerkannt werde — nun suche ich selbst nach meiner Familie zu forschen — ich will, ich muß wissen, wer ich bin — Du sollst nicht einem namenlosen Manne angehören, und darum füge ich mich der Leitung des Herrn, der mir mit Hand und Mund versichert hat, daß ich meine Eltern wiederfinde."

„Harre aus, Albert!"

„Und Du, Louise?"

„Ich bleibe Dein treues Mädchen."

Noch eine Viertelstunde kos'ten die Liebenden, dann meldete Frau Friederike, daß der Wagen vorgefahren sei, der das Fräulein nach der Stadt zurückbringen solle.

Louise betrachtete noch einmal das Bild der unglücklichen Dame, als ob sie die Züge derselben sich fest einprägen wolle; dann nahm sie Abschied. Beide weinten in der zärtlichsten Umarmung.

Frau Friederike sah wehmüthig zu.

„So habe ich einst auch ein Paar gesehen, das sich nicht trennen konnte, dachte sie; das Schicksal hat es doch auseinandergerissen. An derselben Stelle standen die Beiden — Gott nehme diese in seinen Schutz! Ach, die vornehmen Leute, sie müssen oft anders handeln, als sie wollen."

Louise entwand sich der Umarmung; sie reichte der braven Frau unter Thränen die Hand.

„Verlassen Sie ihn nicht," bat sie flüsternd.

„Ich werde meine Sache schon machen, Fräulein. Herr

Albert soll bald hergestellt sein. Sagen Sie ihm nur, daß er nicht immer so traurig ist —"

„Von heute an werden Sie mich heiter sehen, Frau Körner. Ach, ich muß Sie wie eine Mutter lieben und verehren! Werde ich noch einmal recht glücklich, so danke ich es meist Ihnen mit."

„Bleiben Sie sich einander nur treu!" flüsterte die Alte. „Dann findet sich Alles!"

Die drei Personen verließen das Zimmer, stiegen die Treppe hinab und traten vor das Haus. Da stand Fabian an dem geöffneten Wagenschlage. Louise reichte Albert und Friederiken noch einmal die Hand und stieg rasch in den Wagen, der, nachdem Fabian die Thür geschlossen, leicht dem Walde zurollte.

„Ich wünsche Ihnen Glück, Herr Albert," sagte die Frau. „Ihre Louise ist eine schöne Dame, Gott erhalte sie Ihnen. Nun gehen Sie in den Garten. Abends kommen Sie in das Wohnzimmer."

Der Abend war da.

Albert hatte mit seinen freundlichen Wirthsleuten das Nachtessen eingenommen.

„Ich muß noch einmal fort!" sagte der Förster.

„Wohin, lieber Jakob?"

„In den Forst. Ich habe einen Hirschen geschossen, der in der Nacht nicht liegen bleiben kann, da ihn sonst die Bauern stehlen. Die Burschen wissen den Ort nicht zu finden, wo ich das feiste Thier unter Laub verborgen habe. Unterhalte den Gast, Frau; ich werde bald zurückkehren."

Friederike sprach noch einige Worte mit ihrem Mann.

„Ich laſſe ja alle Leute zurück," antwortete Jakob; „nur den jüngſten Burſchen nehme ich mit mir. Hat Nichts zu ſagen — das Forſthaus iſt ſicher."

Er beſtieg den niederen Jagdwagen, der zugleich zum Transport von Wildpret eingerichtet war und fuhr ab.

„Nun ſind wir allein," ſagte Frau Friederike; „wir werden uns ſchon unterhalten."

Albert ſaß auf dem ſchwarzen Sopha.

Frau Friederike, die nicht einen Augenblick müſſig ſein konnte, ſaß am Tiſche und ſtrickte ſo emſig, daß die dicken Nadeln laut klapperten.

In dem gemüthlichen Wohnzimmer war es ſchon dämmerig, da große und dichte Weinblätter die beiden Fenſter halb verdeckten. Vater Jakob war ein vortrefflicher Wein= züchter; er hatte das ganze Haus in ein Netz von Reben eingehüllt, die im Herbſte eine reiche Ernte lieferten.

„Sie wollten mir, Frau Körner, von der ſchönen Char= lotte erzählen, deren Bild in meinem Zimmer hängt," begann Albert.

„Das wollte ich; aber es iſt doch wohl beſſer, wenn ich ſchweige."

„Hat man es Ihnen unterſagt?"

„Das gerade nicht."

„Je länger ich das Bild anſehe, deſto größer wird mein Intereſſe für die Dame."

„O, das glaube ich ſchon."

„Sie muß ſehr ſchön geweſen ſein."

Friederike ließ die Stricknadeln einen Augenblick ruhen.

„Herr Albert, Ihre Braut ist sehr schön, das muß ihr der Neid nachsagen; aber Sie nehmen es mir nicht übel — Charlotte war noch schöner. Und gut, von Herzen so gut —"

„Wie meine Louise. Wer ist denn eigentlich Charlotte?"

„Ich weiß es nicht."

„Wie ist sie denn in das Forsthaus gekommen?"

„Ja, das ist eine merkwürdige Geschichte, die kann ich Ihnen wohl erzählen, um Ihnen die Langweile zu vertreiben. Der regierende Fürst war damals noch Erbprinz und guter Freund meines Mannes. Sie müssen wissen, daß mein Jakob Büchsenspanner des hochseligen Fürsten gewesen ist. Er wollte gern den Försterposten in diesem schönen Reviere haben und da hat er ihn denn auch bekommen. Wir hätten uns ja sonst nicht verheiraten können. Es war auch im Sommer, gerade wie jetzt. Mein Mann war aus dem Forste gekommen und wir saßen da auf dem Sopha. Das Abendessen hatte ich schon abgetragen. Da hörten wir das Stampfen von Pferden und das Bellen unserer Hunde. Mein Mann konnte nicht bis zum Fenster kommen. — Da trat der Erbprinz ein.

„Nein, den Mann hätten Sie sehen sollen! Hochroth, heiß und so aufgeregt, daß er kaum sprechen konnte. Wir fragten bestürzt, was dem gnädigen Herrn begegnet sei. — „Körner," rief er, „Sie sind immer mein Freund gewesen." „Ich bin es noch, Durchlaucht!" antwortete Jakob. „Ist das Ihre Frau?" „Meine Friederike, die ich habe heimführen können, weil Sie mir diesen Posten verschafft." „Jetzt erzeigen Sie mir einen Dienst!" „Jeden, den Sie von mir forbern!" „Es kommt eine junge Dame, die Sie so lange beherbergen müssen, bis ich für sie gesorgt habe. Aber, Körner, es darf kein Mensch ein Wort davon erfahren. Das Forsthaus liegt einsam, fern von Allem Verkehre, außer mir jagt Niemand in dem Walde, Sie haben also große Vorsicht nicht zu beobachten — nehmen Sie das junge Mädchen als Tochter zu sich; ich zahle als Pension jede Summe, die Sie fordern." Dies forderte der Erbprinz, und wir sagten natürlich zu. Nun forderte er aber noch, daß wir seinen Namen und Stand nicht nennen sollten, den Grund dazu wollte er uns später sagen; wir sollten ihn einfach Oberförster Balduin Haak nennen. Auch das bewilligten wir, denn wir konnten doch dem Erbprinzen Nichts abschlagen. Während wir so sprachen, klopfte es an die Thür. — Ich sah nach, da trat ein junges Mädchen ein, das schüchtern „Guten Abend" wünschte. Ein Mann war bei ihr, der ein großes Bündel trug. „Hier ist Charlotte," sagte der Prinz; „bleibe ruhig, bei meiner Base und bei meinem Vetter, sie werden wie Eltern für Dich sorgen." Dann flüsterte Balduin Haak noch eine Zeitlang mit ihr, küßte sie, stieg zu Pferde und jagte davon. Der Mann, der das Packet getragen hatte, hieß Andreas Brand."

„Wie?" rief Albert hastig.

„Andreas Brand."

„Ist's möglich!"

„Kennen Sie ihn?"

„Ich glaube. Wenn er Zimmermann war —"

„Ganz recht, er war ein Zimmergeselle."

„Weiter! Weiter! O, ich bitte Sie!"

Friederike's Luft zu erzählen war einmal erwacht, und sie fuhr fort: „Brand war müde, er konnte denselben Abend den Rückweg nicht antreten und darum ließ ich ihn in dem Bette eines Jägerburschen schlafen, der gerade auf einige Tag beurlaubt war. Mit Charlotten mußte er näher bekannt sein, denn ich hörte, daß er ihr Muth zusprach und sie über irgend etwas zu trösten suchte. Bei Lichte sah ich mir die junge Dame näher an, ich hätte weinen mögen.“

„Warum denn?“

„Sie war schwarz gekleidet, hatte verweinte Augen und ein recht blasses Gesicht. Als ich sie fragte, ob sie trauere, antwortete sie, ihr Vater sei gestorben. Mehr konnte ich nicht erfahren. Nun brachte ich sie in das Zimmer, das ich für Gäste eingerichtet hatte. „Soll ich hier wohnen?“ fragte sie überrascht. „Freilich, Balduin Haak wünscht ja, daß wir Sie nach Kräften gut aufnehmen, und daß es Ihnen an nichts fehle. Wir bieten Ihnen das beste Zimmer in unserem Hause.“ Andreas brachte das große Packet, das Kleider und Wäsche enthielt, und ich half auspacken. Das arme Mädchen hatte nicht viel, aber was sie hatte, war gut. Die Wäsche war reine Leinwand und zwei Kleider waren von Seide. Es war auch ein seidener Mantel dabei und der Hut, den sie trug, war nach der neuesten Mode; aber schwarz, ganz schwarz. Am andern Morgen ging Andreas Brand; Charlotte begleitete ihn bis an dem Baum auf dem Platze — ich stand hier am Fenster — sie wollte ihm Geld geben, er aber wies es mit der Hand zurück und lief in den Wald. Das gefiel mir von den Zimmermann, und dafür habe ich ihm auch später, wenn er kam, Braten und Wein gegeben.“

„Brand ist also wiedergekommen?"

„Oft, sehr oft."

„Zu Charlotten?"

„Natürlich."

„Und was wollte er?"

„Sie besuchen, sehen wie es ginge und sich mit ihr unterhalten. War das eine Freude, wenn der Zimmermann aus
dem Walde trat! Fort war sie aus dem Hause, ihm entgegen;
es fehlte nicht viel und sie wäre ihm an den Hals geflogen.
Wäre Andreas nicht viel älter gewesen als sie, ich wäre auf
andere Gedanken gekommen. Nein, Charlotte war zu jung,
zu fein gebildet, zu sehr Stadtdame, als daß sie mit dem Handwerker etwas haben konnte, der sie fast wie ein Vater behan-
delte. Einmal hat er sogar mit ihr gezankt."

„Weßhalb?"

„Das weiß ich nicht; aber Beide versöhnten sich schnell
wieder."

„Sie vergessen Balduin Haak —"

„Nein, ich vergesse ihn nicht; warten sie nur einige Augenblicke — mir fällt ein, daß ich die Magd in den Garten schicken
muß; das Gemüse zu morgen soll vorbereitet werden. Sehen
Sie, das hätte ich über dem Erzählen bald vergessen. Ich bin
gleich wieder bei Ihnen."

Frau Friederike verließ das Zimmer.

„Was ist das? Was ist das?" rief der erstaunte Albert. „Mein Pflegevater hat jene Dame gekannt, hat selbst
wie es scheint, Einfluß auf sie gehabt. — O, mein Gott,
wie wunderbar ist die Verwirrung der Dinge! Ich will
ruhig, ich will unbefangen scheinen; vielleicht erfahre ich durch

die Redseligkeiten der Alten so viel, daß ein Lichtstrahl in das mich umgebende Dunkel fällt!"

Er ging erregt auf und ab. Tausend Gedanken, Annahmen und Vermuthungen durchkreuzten seinen Kopf. Soviel nahm er als sicher an: Brand hatte viel gewußt, hatte eine wichtige Rolle gespielt. Warum aber hatte er, bevor er starb, nicht Aufschluß über den gegeben, den er als Sohn geliebt und erzogen? Sollte er die Papiere, die dem Ueberlebenden so nützlich hätten werden, die ihn auf dem kürzesten Wege zum Ziele hätte führen können, vernichtet haben? Warum, warum das Alles?

Die Schritte Friedrikes ließen sich hören. Albert nahm rasch seinen Platz ein; er saß ruhig, als die Alte eintrat, die eine brennende Wachskerze trug, das Fabrikat Jakobs. Sie setzte sich an den Tisch, ergriff das Strickzeug und fragte:

„Wollte ich nicht von Balduin erzählen?"

„Sie wollten es."

„Richtig."

„Balduin hatte sich entfernt, nachdem er Charlotte Ihrer Obhut übergeben."

„Aber er kam wieder, alle Tage, und was ich vermuthet, war richtig. —"

„Was denn?"

„Daß er in die schöne Charlotte bis über die Ohren verliebt war."

„Und sie?"

„Ihr ging es wie Ihnen: sie seufzte und sprach kein Wort, sobald der Geliebte sich entfernt hatte. Mein Gott, war das eine Liebe. Ich habe so etwas in meinem ganzen Leben nicht gesehen. Jakob war ein stattlicher Mann, und ich habe ihn auch immer lieb gehabt — aber wie Charlotte, nein, das war doch zu arg. Der Gram und die Angst zehrten das arme Mädchen auf, wenn Balduin einmal etwas später kam, als zur gewöhnlichen Stunde. Da lief sie bald hier bald dorthin, sie sah aus allen Fenstern und fragte alle fünf Minuten, wie spät es sei. Kam nun Balduin Haak endlich an, dann stürzte sie hinaus, und er fiel vom Pferde in ihre Arme. Ja, das war ein merkwürdiges Verhältniß. Wie soll das enden? sagte oft mein Mann. Die arme Charlotte wird wahnsinnig, wenn sie erfährt, daß sie den Geliebten nicht heiraten kann, und eine Heirat ist doch unmöglich. Alles ging gut den Herbst und Winter. Im Frühjahre kam Andreas Brand einmal; er hatte mit Balduin eine lange Unterredung im Garten. Und wie vertraulich sprach er mit dem Erbprinzen, als ob er seines Gleichen wäre."

„Brand hat wohl nicht gewußt, wer Balduin eigentlich war. —"

„Das läßt sich wohl annehmen."

„Was geschah nun weiter?"

„Etwas, woran ich nie gedacht hatte."

Frau Friederike legte die Arme auf den Tisch, sah den jungen Mann mit großen Augen an und sagte:

„Am Tage vor Pfingsten kam ein Pastor und traute in der Stube, die Sie bewohnen, das junge Paar. Mein Mann, ich und Herr Reinhardt sind Zeugen gewesen. Charlotte, von der kein Mensch wußte, wer sie war, von

woher sie gekommen — das arme Mädchen, das nur ein
Bündel mitgebracht hatte, war die Frau unseres Erbprinzen,
den sie für einen Förster hielt. Balduin hatte bei der
Trauung eine gewöhnliche Försteruniform an. „Na, sagte
mein Mann, das wird eine schöne Aufwäsche geben, wenn
sie bei Hofe die Geschichte erfahren! Ich wasche meine
Hände in Unschuld.“

„Was kümmerte uns das, nicht wahr, Herr Albert?
Wir hatten gethan, was uns befohlen, und damit gut. Ver=
räther konnten wir doch nicht spielen. Die Trauung war
also richtig vollzogen. Wer war froher als Charlotte. Nun
hatte sie ihn für alle Ewigkeit und sie war auch nicht mehr
so ängstlich, wenn der Herr Gemal nicht auf die Minute
kam. Sie half mir in der Küche, machte sich im Garten
nützlich und ward eine tüchtige Hausfrau. Wenn ich ihr
sagte „Sie haben das Alles nicht nöthig,“ so antwortete sie
„Arbeit schändet nicht.“ Gleich nach der Trauung kam
Andreas Brand und richtete den ersten Stock ein, wie er
jetzt ist. Da wurde gesägt, gehauen und gehobelt, daß mir
mitunter Hören und Sehen verging. Als aber die Einrich=
tung fertig war, hatte ich doch meine Freude daran. Der
Zimmermann war ein geschickter Mensch, das muß man
sagen. Wie es den Anschein hatte, sollte Charlotte noch
lange bei uns wohnen; aber es kam anders. Der alte Fürst
starb. „Was soll nun werden?“ fragte mich mein Mann.
„Nun, was wird denn?“ antwortete ich ihm. „Charlotte
ist Fürstin und wird es bleiben. Balduin ist so vernarrt in
sie, daß er sich nicht scheiden läßt; er kann sich nach Ge=
fallen eine Frau wählen.“

„Wie ist das Bild entstanden, das oben im Zimmer hängt?" fragte Albert.

„Das will ich Ihnen eben sagen. Balduin blieb unter dem Vorwande, daß er in Familienangelegenheiten verreisen müsse, vierzehn Tage oder wohl länger weg; in dieser Zeit kam ein Maler, der die junge Frau malen mußte. Man wollte ihr Unterhaltung schaffen. Den Maler hatte Rein= hardt gebracht, der Kammerdiener des jungen Fürsten, der zugleich den Vertrauten machte. Ich habe den Mann nie leiden mögen. —"

„Den Maler?"

„Nein, diesen Reinhardt!"

„Warum, Frau Friederike?"

„Weil er mir tückisch vorkömmt. Seine Freundlichkeit war mir widrig. Er wollte immer mit mir spaßen und kniff mich in den Arm; da schlug ich ihm auf die Finger, und einmal habe ich ihn sogar gestoßen. Er hat es sich nicht wieder einfallen lassen, mich anzurühren. Mein Mann hätte ihn niedergeschossen, wenn ich ihm das gesagt hätte. Während dieser Zeit kam Ewald, der zweite Bruder des Fürsten, der weit von hier studirt hatte. Wie er eigentlich nach unserem Forsthause gekommen, weiß ich nicht. Er war da, ehe wir es uns versahen. Mein Mann, der ihn kannte, hatte gar nicht mehr an ihn gedacht. Er sah Char= lotten und fragte, wer sie wäre. Wir gaben sie für eine Verwandte aus. Er kam den zweiten und dritten Tag. Und immer suchte er die junge Frau auf. Mein Mann und ich, wir wußten nicht, was wir anfangen sollten. Draußen traf er sie im Garten; er hatte lange mit ihr

gesprochen. Da kam Charlotte plötzlich wie eine Wahn=
sinnige hier in die Stube. „Wer ist Balduin Haake?"
schrie sie. „Um Gotteswillen sagt es mir!" Wir wollten
ausweichen; sie aber behauptete, Balduin wäre der Fürst
und hätte sie betrogen, die Trauung wäre nur Täuschung
gewesen. Das konnte ihr nur Ewald gesagt haben. Die
arme Frau wurde krank und ich mußte sie zu Bette bringen.
Glücklicher Weise kam denselben Abend Andreas Brand, der
beruhigte sie. Am andern Morgen ritt mein Mann nach
der Residenz, und Mittags war der Fürst hier. Er gestand
ihr Alles und schwor, daß sie Fürstin bleiben solle. Ich
weiß nicht mehr, was er ihr Alles sagte. Zwei Tage später
trat er eine Reise an und nahm seine Frau mit sich. Kaum
war er fort, so besuchte uns Ewald, der uns mit Vorwür=
fen überschüttete, daß wir zu einem so schmählichen Betruge
die Hand geboten hätten. Wir sollten gestehen, wohin die
junge Frau gebracht worden wäre. Was wir nicht wußten,
konnten wir auch nicht sagen."

In diesem Augenblicke schlugen die Hunde an.

Frau Friederike unterbrach sich.

„Es kommt Jemand."

„Der Herr Förster," meinte Albert.

„Nein, dann bellen die Hunde anders."

„Sollte ein Fremder —"

„Es muß ein Fremder sein."

Sie trat an das Fenster, öffnete einen Flügel und sah
hinaus.

„Herr Albert!" rief sie zurück.

„Was gibt's?"

„Gehen Sie in unſer Schlafzimmer.“

„Warum denn?“

„Mir ſcheint es kommt Jemand, der Sie nicht zu ſehen braucht.“

„Wer? Wer?“

„Ich weiß es noch nicht. Es ſteht ein Wagen vor der Thüre.“

Albert wollte an das Fenſter treten.

Die ſtarke Frau ergriff ihn und führte ihn gewaltſam in die Kammer, deren Thüre ſie verſchloß.

Nun nahm ſie die Wachskerze und ging hinaus.

Auf der Hausflur trat ihr ein kleiner Herr entgegen, der ſoeben den Wagen verlaſſen hatte.

„Kennen Sie mich, Frau Körner?“ fragte er.

„Nein.“

„Erlauben Sie mir, daß ich in das Zimmer trete.“

In dem Zimmer betrachtete Friederike den Fremden, der ſich ohne Umſtände auf den nächſten Stuhl niederließ. Er trug einen hellen Oberrock vom feinſten Stoffe, einen kurzen, ſpitzen Hut mit breiter Krämpe, den er auf dem Kopfe ließ, und einen Stock mit weißer Elfenbeinkrücke. Weiße Handſchuhe bekleideten die kleinen Hände, die auf dem Krückſtocke ruhten. In ſeinem kleinen zuſammengeſchrumpften Geſichte blitzten lebhafte Augen, deren Blicke mit beſonderem Wohlgefallen auf der üppigen Förſtersfrau ruhten. Das ſpitze, glatt raſirte Kinn legte ſich zuweilen auf die Hände. Feine Lackſtiefel glänzten an den Füßen.

Friederike, die Kerze in der Hand, hatte lange den ſeltſamen Gaſt angeſehen.

„Mein Gott, wie ist mir denn?" rief sie plötzlich.

„Wir haben uns lange nicht gesehen."

„Durchlaucht, der Bruder unseres gnädigsten Fürsten —"

„Ganz recht, Prinz Ewald."

Die Frau verneigte sich tief. Dann setzte sie die Kerze auf den Tisch.

„Sie kommen so unerwartet, gnädigster Herr, haben sich in den langen Jahren so verändert —"

„Ah, habe ich mich wirklich verändert? Freilich, man wird alt —"

„Verzeihen Sie, Gnädigster, daß ich Sie nicht auf den ersten Blick erkannt habe."

Der Gnädigste reichte der Försterin seinen Hut, den diese auf das Fensterbrett setzte.

Nun zeigte sich sein Haupt, das von einer schönen braunen Perrücke geschmückt ward. Ueber der Stirne prangte ein hohes Toupet; in den eingefallenen Schläfen kräuselten sich die schönsten Locken, die das Brenneisen des Friseurs zu erzeugen vermag.

Ewald, der zweite Bruder des Fürsten Balduin, sah um zehn Jahre älter aus, als er wirklich war. Ein Genuß= mensch, wie es glücklicher Weise wenig gibt, hatte er rasch gelebt.

Im verflossenen Winter hatte ihn eine schwere Krank= heit heimgesucht, von der er sich nicht völlig erholt. Sein Lächeln war matt, alle seine Bewegungen verriethen Schwäche. Der lüsterne Blick gab den welken Zügen einiges Leben.

„Mich führt der Zufall an dem Forsthause vorüber, ich benütze die Gelegenheit, meine alten Freunde zu sehen."

„O, wie gnädig sind Sie, gnädigster Herr!“

„Wo ist Körner?“

„Er holt einen Hirsch aus dem Forste.“

„Kommt er bald zurück?“

„Ich glaube es, gnädigster Herr, da er schon lange fort ist. Was kann ich denn thun, um den hohen Gast zu bedienen? Ach, ich bin so überrascht, so verwirrt —“

„Bereiten Sie mir ein kleines Nachtessen aus frischer Milch; Sie kennen meinen Geschmack, meine Genügsamkeit, liebe Frau.“

Friederike dachte, während sie hinausging: „Ich wollte, dieser Gnädigste wäre, wo der Pfeffer wächst; muß er gerade jetzt hier vorüberkommen.“

Sie ging zunächst in den Hof und klopfte leise an ein Fenster.

Albert öffnete. „Was gibt's?“ fragte er.

„Leise, leise!“

„Wer ist der Fremde?“

„Prinz Ewald.“

„Der Besitzer der Zuckerfabrik?“

„Derselbe.“

Der junge Mann erschrak.

„Was will er in dem Forsthause?“

„Ich weiß es nicht; er fragt nach meinem Manne. Aber das ist nur Vorwand. Verhalten Sie sich ruhig, der Prinz darf durchaus nicht wissen, daß Sie hier wohnen. Ich habe die Kammerthüre verschlossen — der lästige Mann wird ja doch bald wieder aufbrechen. Sein Wagen steht angespannt vor der Thüre. Das wollte ich Ihnen sagen."

Friederike verschwand.

Albert schloß das Fenster.

„Prinz Ewald!" dachte er. „Dieser gefährliche Mann, der mir nachstellt! O gewiß, es war sein Wille, daß der Intendant mich in den Teich stieß!"

Jetzt erhob sich ein Geräusch in dem Wohnzimmer. Es waren Schritte und Stimmen.

Albert trat zu der verschlossenen Thüre. In dieser Thüre befand sich ein kleines Schiebfensterchen, das durch einen Kattunvorhang verhüllt ward. Das Fensterchen selbst war zu dreiviertel geöffnet.

Nun lauschte der junge Mann mit angehaltenem Athem. Zwei Personen unterhielten sich in dem Wohnzimmer. Es waren Ewald und der Intendant.

„Deine Vermuthungen sind falsch, Reinhardt!" sagte der Prinz. „Die Tochter des Zimmermeisters muß das Forsthaus wohl nicht besucht haben. Wohnte der hier, den wir suchen, so würde der vorsichtige Förster Abends das Haus nicht verlassen."

„Der Beschreibung nach, die mir Fritz Blei geliefert, ist Louise Gerold in einem fürstlichen Wagen geholt worden. Da der Wagen die Fähre nicht passirt, muß er nach dem Forsthause gefahren sein. Da die sentimentale Louise mit dem krauskӧpfigen Gesellen ihres Vaters ein zärtliches Verhältniß hat, so kann sie nur zu ihm geholt worden sein. Ich glaube kaum, daß meine Folgerungen unrichtig sind. Daß Albert in dem Fischerhause gewohnt, hat mir der Knabe des Fischers ausgeplaudert, indem er von einem Kranken erzählte, den der Großvater in seinem Kahne heimgebracht. Meine Zusammenstellungen, Durchlaucht, sind richtig. Sondiren wir mit Geschick, und wir werden das Resultat erhalten, das ich voraussetze. Man hält den Zimmergesellen hier verborgen."

Eine Pause trat ein.

„Reinhardt!" rief der Prinz.

„Was befehlen, Durchlaucht?"

„Von Charlotten wissen Sie nichts —?"

„Sie ist spurlos verschwunden."

„An ihr liegt mir auch nichts," meinte Ewald.

„Gewiß. Hätten wir nur den Trauschein."

„Ja, den Trauschein!"

„Der alte Brand, der ihn möglicher Weise an sich genommen haben konnte, hat Papiere nicht hinterlassen. Ich hatte bereits die Ehre, zu berichten, daß ich den Dorfschulzen von Buchau befragt habe."

„Wir werden unsern Plan fallen lassen müssen."

„Noch gebe ich die Hoffnung nicht auf."

„Was vermuthest Du?"

„Daß dieser Albert im Besitze des Papiers ist; wenn er —"

Frau Friederike trat ein.

„O, wäre sie noch nicht gekommen!" dachte Albert, der jedes Wort der Unterhaltung verstanden hatte.

„Milch und Brod," rief Friederike, „wie es der gnädigste Herr gern essen! O, ich weiß das noch aus früheren Zeiten! Wünsche guten Appetit."

Jetzt kam auch der Förster zurück.

Er war erstaunt über den vornehmen Besuch.

Ewald grüßte ihn wie einen alten Bekannten.

„So spät noch, Durchlaucht?“ sagte der Förster.

„Ich will zu meinem Bruder, der recht krank ist.“

„Wie, Durchlaucht ist krank? Ich weiß kein Wort davon.“

„Das glaube ich wohl. Man hält die Krankheit geheim; und doch ist sie gefährlich. Sobald ich die Regierung übernommen habe, werde ich Ihrer treuen Dienste besser gedenken als Balduin, der nur Sinn für seine Holzschnitzerei hat. Es gibt viel gut zu machen, zu verbessern und einzurichten. Verstehen Sie mich, Körner?“

„O ja, Durchlaucht!“

Der Förster ließ sich aber durch diesen Köder nicht fangen.

„Haben Sie keinen Besuch gehabt?“ fragte Ewald weiter.

„Nein.“

„Aus der Stadt meine ich.“

„Nein, gnädigster Herr. Wir stehen zu der Stadt durchaus in keiner Beziehung. Wenn nicht zuweilen ein Wildprethändler vorfrägt —“

Dem Förster war nicht beizukommen.

Ewald hatte nur wenig von dem Mahle genossen.

Er nahm Abschied, ließ sich von seinem Intendanten in den Wagen führen und reiste weiter.

Jakob rief lachend seiner Frau zu:

„Diese Durchlaucht ist zusammengeschrumpft wie ein Pickelhäring! Hätte mir der Kutscher nicht gesagt, wer im

Hause wäre, ich würde ihn wahrlich nicht erkannt haben. Und dieser Kerl, der Reinhardt — sieht er nicht aus wie ein Kammerherr? Sollte es das Unglück wollen, daß Prinz Ewald zur Regierung kommt, dann hat Reinhardt seine Karriere gemacht."

„Gewiß," fügte die Frau hinzu, „er hat sie gemacht durch Ränke und Schurkereien. Es ist gut, Jakob, daß wir uns ein Sümmchen gespart haben, wir müßten sonst in unseren alten Tagen am Hungertuche nagen. Ewald nimmt Dir sofort diese Stelle und gibt sie einem seiner treuen Diener."

„Hat er mir es doch schon zu verstehen gegeben! Nein, Frau, wir lassen uns nicht einschüchtern. Wir dienen unserer Herrschaft treu und verschwiegen und lassen uns weder durch glänzende Versprechungen anlocken, noch durch Drohungen einschüchtern. Nimmt man mir die Försterstelle, so bleibt uns genug zum Leben — wir haben Ewald nicht zu fürchten."

Friederike öffnete die Kammerthüre.

„Sagen Sie meinem Manne nicht," flüsterte sie, „daß ich Ihnen von der armen Charlotte erzählt habe."

„Ich kann schweigen."

Und Albert schwieg auch.

Der Förster warf die Aeußerung hin:

„Ewald hat mehr Schulden, als seine Perrücke Haare enthält. Die große Zuckerfabrik, die er auf den Rath von Spekulanten angelegt, rentirt schlecht. Wenn nicht eine halbe Million vom Himmel fällt, so muß er bankerott machen. Das sagte mir ein Kaufmann aus der Stadt, der die Dinge kennt."

Der Rest des Abends verfloß unter traulichem Gespräche.

Als die Bewohner sich zur Ruhe begaben, machte der Förster noch einmal die Runde um das Haus. Er machte drei große Hunde von den Ketten los, streichelte die zottigen Thiere und empfahl ihnen, als ob er zu Menschen spräche, Wachsamkeit.

Fabian, der längst zurückgekehrt war und berichtet hatte, daß Louise glücklich die Stadt erreicht, hatte auch ein mit Bleistift geschriebenes Briefchen gebracht; Fabian legte seine Pistolen zurecht und suchte das Bett auf.

Die Nacht verfloß indeß ohne Störung. Auch die folgenden Tage brachten kein neues Ereigniß.

Der Rekonvaleszent, obwohl geplagt von Neugierde und Zweifeln, erholte sich sichtlich. Dadurch, daß er nicht arbeitete und der Sonne nicht ausgesetzt war, konservirte sich seine Hautfarbe. Sein schöner schwarzer Bart wuchs und kräuselte sich. Wer ihn jetzt wieder sah, konnte unmöglich den früheren Zimmergesellen erkennen.

Frau Friederike weigerte sich, die Geschichte von Charlotten weiter zu erzählen; sie bereuete es sogar, schon so viel geschwatzt zu haben.

Albert stand oft vor dem Bilde Charlottens; eine unerklärliche Wehmuth beschlich ihn dann und er dachte: „Wenn sie deine Mutter wäre!"

Fabian überraschte ihn in dem Anschauen des Bildes.

„Haben Sie Charlotten gekannt?" fragte der junge Mann.

Der Diener nickte mit dem Kopfe.

„Sie war wohl eine gute Dame?"

Fabian bestätigte es durch lebhafte Zeichen.

„Sie haben sie auch wohl bedient?"

Auch dies bestätigte der Stumme.

Auf die Frage, wo Charlotte jetzt sei, schüttelte er den Kopf. Mehr war von ihm nicht zu erfahren.

Albert begnügte sich, denn die Entwicklung der Dinge konnte nun nicht mehr lange auf sich warten lassen. Er wollte nach der Stadt, wollte das Haus in Buchau besu= chen; aber der Förster widersetzte sich dem entschieden, er be= hauptete, die Reise könne gefährliche Folgen haben. Fabian, meinte er, könne Louisen noch einmal holen, wenn seine, Alberts, Sehnsucht nach ihr so groß sei.

Durch den Briefwechsel ward der Besuch eingeleitet.

Diesmal fuhr Fabian mit der alten Kutsche des För= sters ab, man wollte das Aufsehen durchaus vermeiden. Louise kam; sie blieb aber nur zwei Stunden, da sie um Mittag in das väterliche Haus zurückkehren mußte, wenn ihre Entfernung den Eltern nicht Sorgen bereiten sollte. Der Abschied war, wie das erste Mal, herzlich und thrä= nenreich.

Louise hatte gefunden, daß der Geliebte noch schöner geworden sei.

Albert wiederholte sich: Die Geliebte ist ein Engel. Und beide wiederholten den Schwur ewiger Treue. So wa= ren sie geschieden.

Der unermüdliche Fabian brachte das junge Mädchen nach der Stadt zurück.

Denselben Abend machte der Förster die Runde.

Es war schon spät. Er stand vor dem Hause und prüfte die Läden der Fenster, ob sie auch fest geschlossen seien.

Alles war in Ordnung.

Körner wollte um das Haus in den Hof gehen, um die Hunde loszulassen.

Da trat ihm ein Mann entgegen, der quer über den Waldplatz gekommen war.

„Guten Abend!" sagte eine tiefe Stimme.

Der Förster dankte.

„Wo bin ich hier?" fragte der Fremde.

„Bei dem fürstlichen Forsthause."

„Und ich vermuthete ein Gasthaus."

„Ein solches gibt es weit und breit nicht," entgegnete der Förster.

Der Fremde seufzte.

„Ich bin müde und matt, kann nicht weiter —"

„Wohin wollt Ihr denn eigentlich?"

„Nach der Stadt, lieber Herr. Ich bin ein wandernder Maurergeselle, der Arbeit sucht. Wäre ich noch jung, so sollte es mir darauf nicht ankommen, die Nacht durchzuwandern. Habe heute schon fünf Meilen gemacht' — ich muß mich unter einen Baum legen."

Der Förster war ein entschiedener, aber auch zugleich gutmüthiger Mann.

Er trat näher und sah dem Wanderer in's Gesicht. Das war ein seltsames Gesicht. Die Wangen desselben waren dunkel geröthet, die breite Nase hatte ein eigenthüm= liches Kolorit und das Auge glühte.

„Ihr seid müde, Freund?" sagte der Förster.

„Und wie müde!"

„Halte ich auch kein Wirthshaus, so will ich Euch doch aufnehmen, das ist Christenpflicht. Kommt, es wird sich schon ein Plätzchen für Euch finden.

Körner wies die Hunde zurück und führte den Frem= den in das Haus.

In dem Wohnzimmer half er ihm das Felleisen ab= legen, das eben nicht leicht und viel gebraucht war. Der Wanderer stand nun in einem blauen verschossenen Kittel da. Ein rothes Tuch umschlang den braunen Hals. Das spär= liche Haar lag feucht an der schmutzigen Stirne. Ein wirrer Bart umgab das Kinn. Den mit Wachstuch überzogenen Hut hielt der Fremde in der Hand. Die bestaubten Stiefel verriethen, daß der Mann einen langen Tagemarsch gemacht hatte.

Körner betrachtete einige Augenblicke seinen Gast. Die= ser zog das Wanderbuch hervor und reichte es dem Förster, um sich zu legitimiren.

„Ihr heißt Franz Wiprecht!" sagte Körner, der in dem beschmutzten Buche blätterte.

„Ja, Herr."

„Mit Speise und Trank kann ich diesen Abend nicht mehr dienen — Frau und Magd schlafen schon."

„Thut nichts, lieber Herr, Ruhe ist mir jetzt die Hauptsache."

„Aber sobald der Tag graut sollt Ihr ein Frühstück erhalten, das Euch für den Ausfall des Abendessens entschädigt. Darauf gebe ich Euch mein Wort! Laßt nur die Sachen hier liegen, es vergreift sich Niemand daran."

Nun brachte er den Gast in eine Kammer, deren Thür auf der Hausflur sich öffnete.

„Schlaft in Frieden, bis die Sonne aufgeht; ich stehe Euch dafür, daß Euch Niemand stört."

„Danke Herr, und Gottes Lohn."

Der Förster schloß die Thüre und ging.

So leise als möglich stieg er die Treppe hinan, den brennenden Wachsstock in der Hand tragend.

Auf dem Korridor des ersten Stockes öffnete er eine Thüre.

„He, Fabian!"

Der Stumme, der bereits im Bette lag, richtete sich erschreckt auf. Fragend sah er den Förster an.

„Aufgepaßt," murmelte dieser. „Ich habe einen Kerl eingelassen, der mir was im Schilde zu führen scheint — einen Maurergesellen, wie er sagt. Abweisen wollte ich ihn nicht, weil wir ihn ertappen müssen. Und haben wir ihn, so muß er gestehen, wer ihn gedungen hat. Täusche ich mich, desto besser. Ein guter Jäger legt seine Schlingen, es ist ja möglich, daß sich ein Raubvogel darin fängt."

Fabian gab seine Beistimmung zu erkennen, zugleich aber deutete er auch an, daß man Alberts Ruhe nicht stören dürfe. Damit war der Förster einverstanden.

„Sind Deine Pistolen in Ordnung?"

Der Stumme deutete nach der Wand, an der zwei Pistolen hingen. Auf dem Tische lag ein Hirschfänger.

„Ich schließe die Thüre nicht, ich lehne sie nur an. Kommt der Strolch, so laß ihn ruhig eindringen."

Jetzt sprang Fabian aus dem Bette und kleidete sich rasch an.

„Was soll das? Wohin?"

Der kleine Mann deutete an, daß er sich unter Alberts Bett verstecken wolle.

„Gut," sagte der Förster, „das ist schlau. So mag einer meiner Jäger in Deiner Kammer wachen."

Zehn Minuten später stack Fabian zwischen den Gardinen des Alkovens, in welchem Albert fest schlief. Auf dem Tische, der in der Mitte des Zimmers stand, brannte unter grünem Glase ein Nachtlicht, das anzuzünden der treue Diener nie vergaß. Neben dem Alkoven befand sich der Glockenzug.

Körner weckte einen Jägerburschen und gab diesem Instruktionen.

„Paul, ich zähle auf Dich!"

„Das können Sie auch, Herr Förster."

„Wir haben es mit einem starken Kerl zu thun."

„Meine Knochen sind auch nicht von Stroh!"

„Nimm den Strick mit; es liegt mir daran, den Kerl ganzbeinig zu fangen, wenn mein Verdacht sich bestätigen sollte. Vergreift er sich an Dir, dann brauche nur den Hirschfänger."

„Gut, Herr Förster."

Paul, ein junger und kräftiger Mann, nahm Büchse und Hirschfänger und schlich in Fabians Kammer, die durch den schmalen Korridor von Alberts Zimmer geschieden ward. So waren nun die Sicherheitsmaßregeln getroffen.

Wir bleiben bei dem Förster. Zunächst legte er die Hunde wieder an die Ketten und schloß den Hof. Dann ging er, um seine Frau von dem zu benachrichtigen, was möglicher Weise geschehen konnte. Friederike theilte den Verdacht zwar nicht, allein sie billigte es, daß man wachte.

„Der Besuch Ewalds bedeutet nichts Gutes," meinte der Förster. „Warum kommt er gerade jetzt? und dieser Spitzbube, der Reinhardt — gib Acht, Frau, wir erleben diese Nacht einen Streich. Aber ich wende ihn ab, und soll ich Kopf und Kragen daran setzen."

Körner ging in das Wohnzimmer und stellte eine Büchse zurecht. Dann öffnete er das Schiebfensterchen in der Thür, die zu der Hausflur führte. Jedes Geräusch, das sich regte, war nun zu vernehmen. Ein ähnliches Schiebfensterchen befand sich in einem der Fenster, die nach dem Walde hinausgingen. Der Laden, der geschlossen, hatte eine Klappe, die genau zum Fensterchen paßte. Diese Klappe war geöffnet. Körner ging von der Ansicht aus, daß, wenn ein Attentat verübt werden sollte, Helfershelfer sich in der Nähe des Forsthauses befanden. Darum rückte er einen Lehnstuhl an das Fenster, ließ sich darin nieder, schmauchte aus seiner Meerschaumpfeife und lauschte.

Die Zeit verging langsam.

Mehr als eine Stunde verfloß.

17*

Nichts regte sich. Draußen und in dem Hause blieb es stille.

Der Förster glaubte nach und nach daran, daß er wirklich einen armen Wanderer aufgenommen habe.

Die Schwarzwälder Uhr schlug Mitternacht.

„Soll ich zu Bett gehen?" dachte Körner.

Er schlich zu dem Bette seiner Frau und berieth mit ihr.

„Bleibe noch ein Stündchen wach!" meinte Friederike.

„Warum, Frau?"

„Ein eigenes Gefühl läßt mich nicht schlafen. Dann brummt's vor meinem rechten Ohre, und das bedeutet immer etwas. Ja, ja, der Besuch Ewalds und seines Intendanten kommt mir verdächtig vor. Ich bleibe dabei, die arme Charlotte hatte er auch unglücklich gemacht. Außerdem hast Du dem Bruder unserer Fürstin versprochen, wacker aufzupassen." —

„Gut, ich werde noch wachen!"

Er nahm seinen Platz wieder ein, nachdem er an der Thüre gelauscht hatte. Ihm zur Seite lag das Felleisen und der Hut des wandernden Maurergesellen.

„Wie sich die Menschen verfolgen!" dachte der Förster. „Und warum? Des lieben Geldes wegen. Wüßte ich nur, wer den Trauschein an sich genommen hat, den der Pfarrer gleich nach der Zeremonie ausgestellt hat. Dann erbte der Sohn Charlottens." —

Er unterbrach sich.

Horchend ließ er die Pfeife sinken.

„War das nicht Geräusch draußen vor dem Hause?"

In diesem Augenblicke schlug die Uhr Eins.

Der Förster steckte seinen Kopf in das Fensterchen. Da sah er, daß sich ein schwarzer Gegenstand langsam auf dem Wege fortbewegte, der in einiger Entfernung von dem Hause vorüberzog. An den Bäumen stand dieser Gegenstand still.

„Das muß ein Wagen sein!“ dachte Körner. „Ich habe doch sonst ein gutes Auge; hier aber vermag ich nicht, näher zu unterscheiden. Fast möchte ich an den gespenstigen Leichenzug glauben, den die Bauern im Walde gesehen haben wollen. Nun ist das Ding fort. Und mit dem Schlage Eins! Das ist mir merkwürdig!“

Er lauschte noch einige Augenblicke, dann zog er den Kopf zurück.

Da ließ sich ein leises Knistern auf der Hausflur vernehmen. Körner zog die Füße aus den Pantoffeln und ging auf Strümpfen nach der Thür. Das Schiebfensterchen leistete gute Dienste. Es erlaubte dem Lauscher die dunkle Gestalt eines Mannes zu sehen, der sich vorsichtig der Thür zu bewegte. Es erlaubte ihm auch zu hören, wie der Riegel an der Hausthür zurückgeschoben und die Thür selbst ganz leise geöffnet ward. Sie blieb angelehnt. Es verrieth dies ein mattes Licht oder vielmehr eine schwache Helle, die durch die entstandene Spalte fiel. Sollte schon ein Bubenstreich verübt sein? Nein, denn weder Paul noch Fabian hatten sich geregt. Und auf Beide war fest zu trauen.

„Hm,“ dachte Körner, „vielleicht habe ich einen ganz gemeinen Dieb aufgenommen. Er bestiehlt mich und sucht

heimlich das Weite. Dann aber bleibt das Wanderbuch und
das Felleisen zurück." —

Der Förster sah nun, daß der angebliche Wandersmann
nicht das Haus verließ, sondern daß er, ohne die Thür zu
schließen, in das Innere des Hauses zurückschlich. Es sollte
also ein Streich verübt werden.

„Der Dieb," dachte der Förster, „hat sich den Rückzug
gesichert. Wir aber werden ihm diesen schlau ersonnenen
Rückzug abschneiden."

Er trat noch einmal an das Fenster. Der Waldplatz
war leer; keine Gestalt zeigte, kein Laut regte sich. Die
Sterne sandten ein mildes Licht auf die stille Landschaft
herab. In dem Hofe krähten die Hähne, den nahenden
Morgen verkündend. Die Hunde verhielten sich still.

„Jakob!" rief Friederike in der Kammer.

„Still, Frau!"

„Geht was vor?"

„Gewiß geht was vor."

„Da hast Du meine Ahnung."

„Stehe leise auf und bleibe in der Stube."

Der Förster nahm das geladene Gewehr und öffnete
geräuschlos die Thür. Noch stand er auf der Schwelle, als
er das verrätherische Seufzen einer Stufe der Treppe hörte,
die in das obere Stockwerk führte.

„Ah, der Kerl ist doch mehr als ein gewöhnlicher Dieb!
Er schleicht die Treppe hinan. Das Knarren der Stufe
hat er wohl nicht vorausgesehen. Warte, Fuchs, jetzt ziehe
ich die Schlinge zu."

Er ging hinaus. Da er die Pantoffeln abgelegt hatte,

verursachten seine Schritte kein Geräusch. Gewandt und sicher
verriegelte er nicht nur die Hausthür, er schloß auch zu und
zog den Schlüssel ab, den er zu sich steckte. Seine Büchse
in der Hand, schlich er die Treppe hinan. Vorsichtig lau=
schend, um den Plan des Fremden nicht voreilig zu durch=
kreuzen, blieb er auf einer der letzten Stufen stehen. Sein
Kopf erreichte das Holzgitter, das die Oeffnung der Treppe
umgab. Da sah er den Blousenmann, der mit ausgestreck=
ten Armen nach Alberts Zimmer tappte. Drei Sekunden
später öffnete er die Thür. Ein mattes Licht drang auf den
Korridor. Der Fremde horchte. Als die Stille der Nacht
nicht unterbrochen ward, trat er geräuschlos in das Zimmer;
die Thür zog er vorsichtig an. Nun betrat der Förster den
Korridor. Paul, aus seiner Kammer schleichend, kam ihm
entgegen. Beide verständigten sich durch Winke. Die Ge=
wehre in der Hand, standen sie an der Thür. Sie hatten
ihre Bewegungen so geräuschlos ausgeführt, daß der Blou=
senmann keine Ahnung von der Nähe seiner Feinde erhielt.
Er sah sich in dem schwach erhellten Zimmer um. Fabian,
der wie ein Tiger lauerte, lag still zwischen den schweren
Falten des halbgeöffneten Damastvorhanges. Er wollte genau
die Befehle des Försters befolgen. Der Fremde bot einen
widrigen Anblick. Er ging barfuß. Die Blouse, die er
nachlässig über die breiten Schultern gezogen, umgab einen
feisten Körper. Sein aufgedunsenes Gesicht war bleich, die
fleischigen Wangen aber zeigten blaurothe Kreise. Das Tuch
umschlang nachlässig den dicken Hals, die schwarzschimmernde
Brust war nur halb bedeckt. Weite Drillhosen umgaben die
Beine. Und nun die Fäuste des Mannes — sie waren

wahre Herkulesfäuste. Einige Augenblicke stand er in der Mitte des Zimmers, den jungen Mann betrachtend, der fest schlafend in dem Bette lag. Rekonvaleszenten erfreuen sich in dem letzten Stadium der Genesung eines überaus festen Schlafes. Albert regte sich nicht. Bleiern lastete der Schlaf auf ihm. Sein Kopf war nach vorn gebeugt, die rechte Hand hing schlaff herab.

Der Blousenmann murmelte einige unverständliche Worte.

Dann trat er an das Fenster und öffnete leise einen Flügel.

Ein feines Pfeifen ließ sich hören, das dem eines Waldvogels glich.

„Gut!" flüsterte der Mann. „Er hat mich gesehen! Der Förster und seine Leute schlafen, die Thür ist offen — ich bin gesichert. Und dort liegt dieser Albert, den ich wie eine Stecknadel gesucht habe. Er ist also richtig dem Kanale entkommen. Die ungeschickten Teufel haben es dumm angefangen — diesmal soll's besser werden! Es ist doch auch Albert?"

Er streckte den Kopf aus, ohne den Platz zu verlassen.

„Richtig, er ist's! Seht den Zimmergesellen, wie vornehm er wohnt! Und wie der Stein glänzt in dem Ringe, den er am Finger trägt! Vorwärts denn!"

Ein Frösteln durchschüttelte den starken Körper.

„S'ist doch eine verdammte Geschichte!" murmelte er. „Der Messerstich wäre bald gemacht, auch der Schlag mit dem Hammer. — Hagel und Wetter, der alte Brand reißt mich weidlich herum! Und nun soll ich auch noch diesen hier — Ich kann nicht mehr umkehren, wenn ich auch .

wollte. Element, was ist's denn weiter; ob Einer mehr oder weniger — mögen es die verantworten, die mir den Auftrag gegeben haben. Das Messer ist das Werkzeug der Hand, und ich bin nur das Messer. Der Verdacht fällt außerdem nicht auf mich — dafür ist gesorgt. Wenn sie diesen hier begraben, schwimme ich auf dem Meere. In Australien spiele ich den großen Herrn. — Mit Geld läßt sich Alles machen. Unten im Wagen liegen zwölftausend Thaler!"

Er griff mit den Händen an die Hüften.

Ein vorsätzlicher Mord ist doch nicht so schnell ausge= führt, selbst von einem verhärteten Bösewicht. Dies bewährte sich auch bei dem furchtbaren Menschen, der, um Geld zu ver= dienen, ein Menschenleben vernichten wollte. Der Gräßliche bebte zurück vor dem wehrlosen Schläfer.

Jetzt ließ sich das Pfeifen wieder vernehmen. Geheim= nißvoll kam es von dem Walde her durch das offene Fenster. Es mochte ein Mahnruf sein.

„Feiges Subjekt!" schalt der Mann sich selbst. „Was ist's denn weiter?"

Er holte eine Flasche unter der Blouse hervor und that einen langen Zug.

„Das gibt Feuer!" murmelte er. „Wie das Zeug' brennt! Feigling, kannst Du denn nur berauscht eine kühne That vollbringen? Ich werde so lange zaudern, bis man mich erwischt. Was kümmert mich Albert Brand?"

Er athmete, daß die breite Brust sich hoch emporhob.

„Nichts! Nichts!" zischte er, als ob er die Frage be= antworten wollte. „Auf Gerold ist nicht zu rechnen, der große Zimmermeister muß Bankerott machen. — Aber im Wagen, da liegt Geld, viel Geld! Und die ganze Summe gehört mir — ich kann sie nur zu mir stecken und entfliehen. Müßte ich nur den verwünschten Kopf nicht mitbringen, ich würde den Herrn Reinhardt betrügen, würde sagen, da schwimmt er in seinem Blute — aber der Patron sieht sich vor — hier ist die Waare, hier ist das Geld!"

Der Mann trank noch einmal aus der Flasche. „Jetzt," murmelte er, „da pfeift's schon wieder! Nun denn, in Teufels Namen — ich muß fort!"

Der Gräßliche zog die Blouse aus und breitete sie auf den Fußboden. .

„Gut genug zum Einwickeln!" murmelte er. „In dem Wagen liegen andere Kleider!"

Nun stand er da mit entblößten Armen. Das weiße Leinenhemd bedeckte nur zum Theil die Brust. Ein Ledergürtel hielt die Drillhosen über den Hüften zusammen. In dem Gürtel stak ein Dolchmesser und ein Hammer. Man sah nur den Griff dieser entsetzlichen Werkzeuge, die den armen Albert zur Leiche machen sollten.

„Erst den Hammer!" murmelte der Mörder, dem das starke Getränk Muth gemacht. „Ein derber Schlag auf den Schädel bringt zwölftausend Thaler!"

Mit einer raschen Bewegung zog er den Hammer hervor. Die kräftige Faust erfaßte den Stiel. — Gebückt und den Kopf vorgestreckt schritt er dem Bette zu — der nervige Arm hob sich zu dem mörderischen Schlage. —

Ein durchdringender Schrei erfüllte das Zimmer.

Fabian schoß aus den Falten des Vorhangs hervor und hing sich an den Arm des Mörders, der bestürzt zurückwich und den kleinen Mann abschütteln wollte. Es gelang nicht sofort. Die linke Hand des Blousenmannes zog das Messer, — da ward diese Hand von den kräftigen Fäusten Pauls erfaßt, der ihm erst das Messer entriß und dann zu Boden warf. Der Förster setzte ihm den Kolben seines Gewehres auf die Brust.

Diese Gruppe traf der Blick Alberts, der von dem Schrei erwacht war und sich emporgerichtet hatte. Auch Frau Friederike eilte herbei und fragte hastig: „Sie sind doch nicht verletzt, Herr Albert?"

„Nein," antwortete der junge Mann; „aber was ist hier vorgegangen?"

Fabian versicherte durch lebhafte Zeichen, daß er auf jeden Angriff gefaßt und gerüstet gewesen sei, nachdrücklich das Leben des ihm anvertrauten Albert zu schützen.

Jetzt begann die Rolle des Försters.

„Friederike," befahl er, „hole die beiden anderen Jäger!"

Und Friederike ging.

Paul mußte ihm den Strick geben.

„Was soll das?" stöhnte der Blousenmann.

„So wie er sich rührt, Schurke, fährt ihm der Hirschfänger in die Brust, daß sein schwarzes Blut durch das Zimmer spritzt."

„Ich habe Nichts verbrochen!"

„Nein, dazu blieb Dir nicht Zeit."

„Laßt mich doch!"

„Aber Du würdest ein scheußliches Verbrechen begangen

haben, wenn der brave Fabian Dir nicht an die Kehle gesprungen wäre. Warte nur, fürstliche Jäger machen kurze Prozesse."

Paul und Körner knieten auf dem Strolche, um ihm die Hände zu binden. Dieser aber machte eine so heftige Bewegung, daß die beiden Männer taumelten. Er besaß eine Riesenkraft. Eine zweite Bewegung mit den Fäusten machte ihn völlig frei. Da stand der herkulische Mann, die Fäuste drohend ausstreckend. Sein Gesicht glühte in Fieber= hitze und aus seinen großen Augen loderte eine verzweif= lungsvolle Entschlossenheit.

„Den schmettere ich nieder," stöhnte er, „der sich an mir vergreift."

„Fritz Blei!" rief Albert, der das Bett verlassen und sich in den Schlafrock gehüllt hatte.

„Ah, Sie kennen ihn?" fragte der Förster.

„Leider kenne ich ihn!"

„Sein Wanderbuch führt den Namen Franz Wiprecht."

„Und er wollte mich im Schlafe —"

„Ermorden."

Der arme Albert wandte sich erschüttert ab.

Paul zeigte das Dolchmesser und den Hammer.

„Ist nicht wahr," murmelte Blei. „Ich werde mich an einem Bekannten nicht vergreifen."

„Wie nannte er sich?" fragte Albert.

„Franz Wiprecht. Unten liegt das Wanderbuch, das er mir übergeben hat, um Aufnahme für die Nacht zu fin= den. Ich habe ihn aufgenommen, weil er mir verdächtig vorkam."

Fritz sah sich nach dem Fenster um.

„Versuche es nur!" rief Paul, die Büchse zeigend. „Bei dem ersten Schritte, den Du thust, trifft Dich meine Kugel."

„Nur im äußersten Nothfalle!" sagte Körner; „wir wollen den Schurken lebendig fangen!"

„Blei," rief Albert schmerzlich, „mein seliger Pflegevater hat Ihnen Gutes erwiesen, und Sie vergelten seine Wohlthaten durch Mordanschläge! Es gibt wohl kaum ein Gesetz, das streng genug ist, Sie entsprechend zu bestrafen. Ich lege kein Wort für sie ein — die Gerechtigkeit mag über Sie das Urtheil sprechen."

Der Förster hatte verwundert zugehört.

„O," rief er, „wie gräßlich ist doch dieser Mensch! Er hat also das Wanderbuch gestohlen, um den Verdacht auf einen Unschuldigen zu lenken, wenn Alles nach Wunsche gegangen wäre. Darum gab er das Buch ab, darum schob er den Riegel an der Hausthür zurück. —"

„Macht nicht viel Worte," unterbrach Fritz den Förster, „ich denke eben daran, daß ich fort muß."

„Ei seht doch! Du hast es eilig, mein lieber Freund — ich glaube es wohl, denn sogleich werden noch zwei Jäger kommen."

Blei hielt sich stets so, daß er den Rücken frei hatte.

„Was kümmern mich die Jäger?" rief er frech. „Wenn ich in zwei Stunden nicht in der Stadt bin, so ist Louise Gerold verloren. Mit meinem Kameraden Albert wollte ich mich schon verständigen — ich habe ihm wichtige Dinge zu sagen von dem Zimmermeister Gerold. Ja, ja, starrt mich nur an — der Meister hat mich geschickt und ich sollte mit dem da verhandeln, ohne daß es Jemand erführe. Bin ich vor vier Uhr nicht in der Stadt, so ist Louise um vier Uhr eine Leiche. Das merkt Euch."

Albert schrie laut auf.

„Mensch, Du bist wahnsinnig! Um Gotteswillen, martere mich nicht so entsetzlich!"

„Begreifen Sie denn nicht, daß er sich durch Einschüchterung frei machen will. Er lügt! Uebrigens werde ich dafür sorgen, daß er die Wahrheit sagt. Wo bleiben die Jäger?"

„Sie bringen sich um Ihren Posten, Herr Förster!" rief Blei.

„Einer Schurkerei will ich die Erhaltung meines Postens nicht verdanken. Ich merke schon, wo hinaus das Ganze geht. Siehst Du, Elender, ich hätte Dich niederschießen können; aber Du sollst Rede und Antwort stehen, damit man das scheußliche Komplot kennen lernt, dem Du angehörst. Das will ich! Ich habe schon so viel Zeit verloren! Fort!"

„Wohin?"

„Auf die Hausflur!"

„Gut, ich gehe."

Der Förster trat von der Thür zurück.

„Wage den Versuch zur Flucht nicht, es wird vergebens sein. Paul halte Dich schußfertig!"

„Ich bin es, Herr Förster!"

Blei verließ das Zimmer und ging über den Korridor. Der Förster und der Jäger folgten ihm. So bewegte sich der Zug langsam die Treppe hinab. Auf der Hausflur machte sich ein Zugwind bemerkbar. Die Thür zum Hofe stand offen. Frau Friederike hatte sie in der Eile zu schließen vergessen.

Die beiden Jäger schliefen nämlich in einem Hinter-gebäude, und um diese zu wecken, mußte die Frau lange klopfen. Körner war der Meinung gewesen, das Haus sei fest verschlossen und die Jäger müßten ihm entgegenkommen.

Fritz Blei bedachte sich nicht lange. Mit einem Satze, den Angst und Verzweiflung ihm ausführen halfen, war er in dem Hofe, während die Beiden, die ihm folgten, sich noch auf der Treppe befanden. Er schlug die Thür so heftig zu, daß das Haus erbebte.

Aber in demselben Augenblicke packten ihn drei Hunde an. Heulend zerrissen sie ihm die Beinkleider, der eine, ein kolossales Thier erhob sich und biß ihn in die Brust.

Wie ein Cyklop kämpfte Blei. Er packte den Hund und schleuderte ihn von sich. Aber die beiden anderen setz-ten wüthend ihre Angriffe fort.

Der Zimmergeselle begriff, daß er von den wüthenden Thieren zerrissen werden würde. Da sah er einen offenen Stall. In zwei Sprüngen setzte er über die Schwelle des-selben.

Noch tasteten seine blutigen Hände nach der Thür, die er schließen wollte, da krachte ein Schuß.

Einer der beiden Jäger, die Friederike geholt, hatte ihn abgefeuert.

Die Kugel war durch die Thür in den Hals des Flüchtlings getroffen.

Stöhnend sank er zu Boden.

Die Männer versammelten sich vor dem niederen Seiten=
gebäude.

Körner hetzte nun die lechzenden Hunde auf den Stall.
Heulend drangen die drei mächtigen Thiere hinein. Man
hörte ihr Klaffen, Knurren und Beißen. Sie verursachten
ein schreckliches Getöse in dem dunkeln Raum. Geräth=
schaften fielen um und zerbrachen. Blei mußte sich muthig
vertheidigen, denn der Kampf war ein heißer. Nun pfiff
der Förster. Die Thür ward zurückgestoßen. Die drei Hunde
erschienen — sie zogen die Leiche des Mörders auf dem
Pflaster hinter sich her.

(Ende des zweiten Bandes.)

www.ingramcontent.com/pod-product-compliance
Lightning Source LLC
Chambersburg PA
CBHW020846270326
41928CB00006B/569